会计信息化实务

（购销存篇）

主　编　刘克军　赵　莹　王　莉
副主编　范素丽　王　娇　孙雪玲
　　　　任丹梅
参　编　罗　静　徐　欣　刘　霞
　　　　王敬春　王新惠
主　审　张博群

北京理工大学出版社
BEIJING INSTITUTE OF TECHNOLOGY PRESS

内 容 简 介

本书在行业专家的指导下，从财税类专业人才培养的需要出发，主要围绕某一制造业企业某月典型的购销存业务，采用领域引领、任务驱动的方式，介绍了用友T3软件中采购管理系统、销售管理系统、库存管理系统和核算管理系统的日常业务处理方法。本书结构新颖，内容循序渐进。每个工作领域中通过"任务情境"明确学习和操作目标；通过"知识链接"介绍与该任务相关的理论知识；通过"工作步骤"中的具体操作步骤来指导读者完成工作任务。本书还配有配套的工作任务页，助力读者进行实操练习。本书配有适合"云课堂"学习的各种数字化课程学习资源，包括操作微课、PPT课件、电子教案及账套数据等。

本书可作为从事会计工作、税务工作、审计工作及相关经济管理工作人员的财务软件培训教材和业务学习资料。

图书在版编目（CIP）数据

会计信息化实务. 购销存篇 / 刘克军, 赵莹, 王莉
主编. -- 北京 : 北京理工大学出版社, 2024.4
ISBN 978-7-5763-3886-7

Ⅰ. ①会… Ⅱ. ①刘… ②赵… ③王… Ⅲ. ①会计信
息-财务管理系统-职业教育-教材 Ⅳ. ①F232

中国国家版本馆CIP数据核字（2024）第088711号

责任编辑：王玲玲　　　文案编辑：王玲玲
责任校对：刘亚男　　　责任印制：施胜娟

出版发行 / 北京理工大学出版社有限责任公司

社　　址 / 北京市丰台区四合庄路6号

邮　　编 / 100070

电　　话 / （010）68914026（教材售后服务热线）

　　　　　（010）63726648（课件资源服务热线）

网　　址 / http：//www.bitpress.com.cn

版 印 次 / 2024 年 4 月第 1 版第 1 次印刷

印　　刷 / 定州启航印刷有限公司

开　　本 / 889 mm × 1194 mm　1/16

印　　张 / 14.5

字　　数 / 249 千字

定　　价 / 89.00 元

诚信为本　合规合矩
以数为镜　坚持准则
左借右贷　如实反映
专业匠心　精细管理

——与学习会计的读者共勉

在企业实际工作中，会计信息化正朝着业财深度一体化、处理全程自动化、内外系统集成化、操作终端移动化、处理平台云端化、财务分析智能化等趋势发展。

在行业专家的指导下，从财税类专业人才培养的需要出发，编写了本图书。本书围绕企业典型的购销存业务的工作任务，采取任务驱动式体例，在完成工作任务的过程中，掌握财务与业务一体化管理软件的基本操作技能，学习会计工作岗位之间的业务衔接和内部控制要求以及会计人员的职业道德规范等内容。本书的编写具有以下特点：

1.以培养职业能力为核心，以工作领域为导向，使用工作任务进行驱动，建立以工作领域为框架的课程结构，重新整合课程内容，将理论性知识穿插于实操性知识之中，实现理论与实践一体化。

2.结构新颖，内容循序渐进。每个工作领域中通过"学习目标"明确知识和技能目标；通过"任务情境"引入真实案例，让读者了解工作任务；通过"知识链接"介绍与该任务相关的理论知识；通过"工作步骤"帮助读者规范软件操作，提升读者独立完成工作任务的能力。本书每个任务设计4个模块，具体情况见下表：

模块	特点
学习目标	说明每个工作领域学习后应掌握的知识、技能以及课程素养知识
任务情境	采用企业仿真案例，给出具体的工作任务，让读者了解工作任务，开展实训学习
知识链接	本工作任务应该掌握的理论知识
工作步骤	给出完成工作任务的详细步骤，帮助读者进行上机实操练习

3.本书以用友T3为教学软件，依托财税云平台开展实训，结合财税专业会计信息化技能大赛以及技能等级证书的考试要求，力争为读者参加技能大赛、等级证书考试奠定基础，同时，以赛促学，以考促教。

4.提供实训教学资源，促进实操技能形成。鉴于企业购销存业务在模块应用的复杂性，结合企业实际，精心编写了工作任务。以实际业务为导向，突出岗位性和仿真性，在"云博课堂"上搭建实训资源，提供了上机练习资源和自动评分功能。另外，还在"智慧树网"上开通了线上课程，每个工作任务均配有教学视频与实操演示视频，操作步骤详细完整，提高了读者的实训学习效率，助力实操技能的形成与提升。

本书的实践性、操作性、实用性强，可以作为企业培训、技能大赛和会计考证的使用图书。由于编者水平有限，书中不妥之处难免，恳请广大读者在使用过程中提出宝贵意见。

编　者

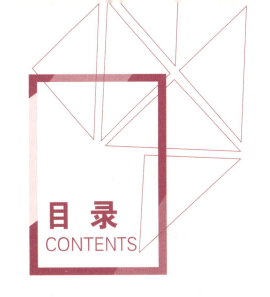

目 录
CONTENTS

前导篇——
案例企业背景

一、企业简介

鲁星纺织有限公司（简称：鲁星纺织）是一家制造业企业，公司成立于2015年1月。主要经营范围：衬衣和运动服的生产与销售等。本案例主要销售商品为衬衣和运动服。2023年1月，企业购买了用友T3财务软件的总账管理、财务报表、工资管理、固定资产管理、购销存管理和核算管理子系统，并于1月开始投入使用，开展企业的会计核算管理工作。

二、企业基本信息

企业名称：鲁星纺织有限公司　　企业负责人：陈峰

企业注册地址：淄博市淄川区鲁星路001号

企业经营范围：衬衣和运动服的生产与销售服务等

企业注册登记日期：2015年01月

企业登记地点：淄博市淄川区鲁星路001号

纳税人识别号：913703021851610862

基本户开户银行账号：37030218516108628246

三、企业会计政策

会计制度：本公司执行《企业会计准则》和《企业会计制度》及其补充规定。

会计年度：本公司会计年度采用公历年度，即每年1月1日起至12月31日止。

记账本位币：本公司记账本位币为人民币。

记账基础和计价原则：本公司采用借贷记账法，以权责发生制为记账基础，以历史成本为计价原则。

存货：存货取得时，按实际成本计价；发出时，按先进先出法计价。

税项：公司为一般纳税人，增值税按应税收入的13%计算销项税额，并按扣除当期允许抵扣的进项税额后的差额缴纳增值税。

四、账套信息

1.操作员及权限分工

鲁星纺织有限公司业务财务一体信息化系统的操作员权限分工情况见表0-1。

表0-1　信息化系统的操作员权限分工情况

编号	姓名	部门	职责	拥有权限模块
LX01	孙丽	财务部	账套主管	账套所有权限
LX02	陈华	财务部	负责企业总账工作	公共目录设置、总账
LX03	李芳	财务部	负责出纳管理的工作	现金管理、总账—出纳签字

2.账套基本信息

账套号：666　账套名称：鲁星纺织　启用会计期间：2023年01月

账套单位名称：鲁星纺织有限公司　单位简称：鲁星纺织

单位地址：淄博市淄川区鲁星路001号　法人代表：陈峰

纳税人识别号：913703021851610862

行业性质：工业企业　账套主管：孙丽　存货是否分类：是

客户是否分类：是　供应商是否分类：是

编码方案如下：会计科目编码级次：4-2-2-2；存货分类编码级次：2-2

结算方式编码级次：2-2；其余：默认

系统已启用：总账、报表管理　启用日期：2023年01月01日

3.基础档案信息（表0-2～表0-6）

表0-2　部门档案信息

部门编码	部门名称
1	行政部
101	办公室
102	财务部
2	业务部
201	采购部
202	销售部
3	仓储部
4	生产部

表0-3　人员档案信息

人员编码	姓名	性别	部门名称	人员类别
101	李涛	男	办公室	管理人员
102	孙丽	女	财务部	管理人员
103	陈华	女	财务部	财务人员
104	李芳	女	财务部	财务人员
201	王宏	女	采购部	管理人员
202	周静	女	销售部	管理人员
301	刘娟	女	仓储部	管理人员
401	张宏	男	生产部	生产人员
402	赵东	男	生产部	生产人员

表0-4　会计科目及余额信息

科目编码	科目名称	辅助项类型	余额方向	期初余额	受控系统
1001	库存现金	日记账	借	5 000.00	
1002	银行存款	银行账、日记账	借	3 139 385.00	
100201	招商银行	银行账、日记账	借	3 075 885.00	
100202	建设银行	银行账、日记账	借	63 500.00	
1121	应收票据	客户往来	借		应收系统
1122	应收账款	客户往来	借	757 100.00	应收系统
1123	预付账款	供应商往来	借		应付系统
1221	其他应收款		借	57 000.00	
122101	应收职工借款	个人往来	借	57 000.00	
1402	在途物资		借		
1403	原材料	数量核算（米）	借	150 000.00	
140301	棉布网衬		借	50 000.00	
		数量核算	米	5 000	
140302	化纤布		借	100 000.00	
		数量核算	米	5 000	
1405	库存商品		借	1 200 000.00	
1601	固定资产		借	8 520 000.00	
1602	累计折旧		贷	623 495.00	
2001	短期借款		贷	8 100.00	
2201	应付票据	供应商往来	贷		应付系统
2202	应付账款	供应商往来	贷	226 000.00	应付系统

续表

科目编码	科目名称	辅助项类型	余额方向	期初余额	受控系统
2203	预收账款	客户往来	贷		应收系统
2221	应交税费		贷	25 106.00	
222101	应交增值税		贷	9 200.00	
22210101	进项税额		借		
2210103	销项税额		贷	9 200.00	
22210104	进项税额转出		贷		
222103	应交所得税		贷	12 390.00	
222104	应交城市维护建设税		贷	2 500.00	
222105	应交教育费附加		贷	1 016.00	
2501	长期借款		贷	700 000.00	
4001	实收资本		贷	10 000 000.00	
4103	本年利润		贷		
4104	利润分配		贷	2 245 784.00	
410401	未分配利润		贷	2 245 784.00	
5001	生产成本	项目目录	借		
500101	直接材料	项目目录	借		
500102	直接人工	项目目录	借		
500103	制造费用	项目目录	借		
5101	制造费用		借		
6001	主营业务收入	项目目录	贷		
6051	其他业务收入		贷		
6301	营业外收入		贷		
6401	主营业务成本	项目目录	借		
6601	销售费用		借		
660101	工资	部门核算	借		
6602	管理费用		借		
660201	办公费	部门核算	借		
660202	差旅费	部门核算	借		
660203	工资	部门核算	借		
660204	折旧费	部门核算	借		
6603	财务费用		借		
660301	利息		借		
660302	现金折扣		借		
6711	营业外支出		借		

表0-5 客户档案信息

客户编码	客户名称	客户简称	客户分类	地址	纳税识别号	开户银行	银行账号
001	济南宏达百货公司	济南宏达	01	山东省济南市商河县宏达路001号	913701267940203375	建行济南分行实训支行	370126794020337561 90
002	青岛顺峰百货公司	青岛顺峰	02	山东省青岛市凤凰街158号	913702113708754414	建行青岛分行实训支行	37021137087544146649
003	淄博长江百货公司	淄博长江	01	山东淄博市张店区鲁中大道011号	913703037448456383	建行淄博分行实训支行	37030374484563838467

表0-6 供应商档案信息

供应商编码	供应商名称	供应商简称	供应商分类	地址	纳税识别号	开户银行	银行账号
001	鲁顺轻纺有限公司	鲁顺轻纺	01	山东省淄博市淄川区鲁顺路001号	913703022652437265	建行淄博分行实训支行	37030226524372659787
002	兴达纺织有限公司	兴达纺织	01	山东济南市济阳区鲁胜路211号	913701153940758023	建行济南分行实训支行	37011539407580232795
003	欣欣棉纺有限公司	欣欣棉纺	02	山东青岛市城阳区城中路216号	913702143062919024	建行青岛分行实训支行	37021430629190242407
004	顺达快运公司	顺达快运	01	山东淄博市淄川区物流中路516号	913703021749503667	建行淄博分行实训支行	37030217495036673647

工作领域一
权限与基础设置

"权限与基础设置"工作领域是业务财务一体化信息化管理的第一步，是业务财务一体化系统的基础，根据案例企业的组织结构、业务特点和企业实行的会计政策进行系统初始化设置，满足企业财务业务核算的需要。主要工作任务包括相关操作人员的增加、工作权限设置以及存货分类、存货档案、仓库档案、收发类别、采购类型、销售类型、费用项目、付款条件等企业基础档案的设置。

该工作领域具体任务包括：

1.增加操作人员，设置工作权限

根据企业实际情况，增加相应的操作人员，明确操作人员的工作职责和相应的权限，并依据工作岗位与人员的设置，进行工作权限的设置。

2.企业基础档案的设置

企业基础档案主要包括部门档案、职员档案、供应商分类、供应商档案、客户分类、客户档案、会计科目、存货分类、存货档案、仓库档案、收发类别、采购类型、销售类型、费用项目、付款条件等，是企业业务财务核算与管理的基础。根据企业财务制度和自身经营管理的需要进行相关信息的维护和设置。

学习目标

【知识目标】

1.了解系统管理在整个系统中的作用。

2.识别系统管理员和账套主管权限的不同。

3.理解权限设置的意义。

4.理解基础档案在业财一体化中的作用。

5.掌握存货分类、存货档案、仓库档案、收发类别、采购类型、销售类型、费用项目、付款条件等档案的设置。

【技能目标】

1.能够规范、准确地完成权限与基础设置中的操作处理。

2.培养学生能够根据实际问题独立思考,具备操作员增加、权限设置、启用系统及基础档案设置的软件处理能力,胜任基于业财一体化软件中权限与基础设置的工作。

【素养目标】

1.培养认真细致、严谨务实的职业意识和良好的职业习惯。

2.引导学生树立正确的会计价值观,爱岗敬业、分工明确、团结合作、服务企业。

【素养小课堂】

随着信息化时代的大数据、财务共享、人工智能等技术的发展,对会计岗位造成了冲击,作为未来的会计从业者,应适应时代变化,不断更新知识结构、掌握新的技术。

1.从会计信息化软件市场份额来看,国内知名软件"用友""金蝶"已占据亚洲大半市场,列前两位。在教学过程中,介绍我国近年来在会计信息化软件方面取得的伟大成就,加强理想信念教育,深化社会主义核心价值观,树立学生的国家品牌意识,增强国家荣誉感。

2.在会计信息化软件中,在"系统管理"中进行相关操作员的增加与权限的设置。权限的设置主要是明确操作人员的工作分工、职责权限各有不同,让学生通过学习本工作领域,了解会计人员分工各有不同,每个人都要立足于本职工作,团结合作,服务企业。

工作任务一   用户与权限设置

任务情境

鲁星纺织有限公司经营业务全面进入业务财务一体化的软件平台运行,根据企业会计制度和管理目标需求,在平台中正确进行操作员增加、修改和删除,权限设置,系统启用等基础档案维护。现在按照操作员的职能权限在T3软件中完成相应的业务处理。具体工作任务如下:

1.增加操作员及分配权限（表1-1）

表1-1　增加操作员及分配权限

编号	姓名	部门	职责	拥有权限模块
LX04	王宏	财务部	负责企业的采购工作	公用目录设置、采购、应付、库存及核算
LX05	周静	财务部	负责企业的销售工作	公用目录设置、销售、应收、库存及核算
LX06	刘娟	财务部	负责管理材料收发、产品入库等库存工作	公用目录设置、库存及核算

2.启用购销存系统

由账套主管孙丽（编号：LX01）启用购销存系统，启用日期为2023年01月01日。

根据公司实际工作需要，请在软件中帮助会计人员完成增加操作员、设置权限、启用系统等操作处理。

知识链接

一、增加操作员

操作员是指有权登录系统的操作人员。只有增加了操作人员，才能对软件进行相应的操作。为了保证系统安全，需要在企业会计信息化软件中先确定各系统授权的操作人员，并对操作人员的使用权限进行明确规定，以避免无关人员对系统进行非法操作，从而保证整个系统和会计数据的安全性和保密性。会计信息化软件的操作人员一般有系统管理员（admin）、账套主管、一般操作员。

1.系统管理员

系统管理员负责整个系统的总体控制和数据维护工作，可以管理该系统中所有的账套。具体权限有：账套建立、恢复和备份；增加操作员；设置操作员权限，如指定账套主管等。

2.账套主管

账套主管负责所选账套的维护工作，具体权限有：对所选账套参数进行修改、恢复和备份所选账套、负责账套中操作员权限的设置。

3.一般操作员

一般操作员指有权登录某个系统并对某个系统进行操作的人员。一般操作员的维护工作由系统管理员完成，具体包括操作员的增加、修改和删除。一般操作员设置的内容包括编号、姓名、密码、部门等。

二、设置权限

为了保证企业经济管理数据的安全，满足企业内部控制的需要，应该对财务软件中的操作员进行分工，进行操作员权限的设置。

操作员的权限设置是对允许登录系统的操作员规定操作权限，严禁越权操作的行为发生。系统管理员和账套主管都有权设置操作员的权限。所不同的是，系统管理员可以指定或取消某一操作员为一个账套的主管，也可以对系统内所有账套的操作员进行授权；而账套主管的权限局限于他所管辖的账套，在该账套内，账套主管默认拥有全部操作权限，可以针对本账套的操作员进行权限设置。一个账套可以设置多个账套主管。账套主管自动拥有所在模块的所有操作权限。

三、启用系统

系统启用是指启用用友T3软件中各个子系统并设置启用日期。

系统启用可以由系统管理员admin在建账完成时直接启用，也可以由账套主管登录系统管理，在"账套"菜单中使用"启用"命令进行启用。在系统启用时，单击需要启用的系统，弹出"日历"对话框，选择启用日期，启用日期要与账套启用日期保持一致。

工作步骤

以系统管理员admin的身份登录系统管理。

一、增加操作员

（1）在"系统管理"窗口，执行"权限→操作员"命令，进入"操作员管理"窗口。单击"增加"按钮，打开"增加操作员"对话框。

（2）根据工作任务提示的资料输入操作员信息，如图1-1所示，单击"增加"按钮，提示"添加成功"。再单击"增加"按钮，增加下一位操作员，全部完成后，单击"退出"按钮返回。

图1-1　"增加操作员"对话框

> **注意：**
> ①只有系统管理员才有权限设置操作员。
> ②操作员编号在系统中必须唯一，即使是不同的账套，操作员编号也不重复。
> ③所设置的操作员一旦被引用，便不能被修改和删除。

二、分配权限

（1）在"系统管理"窗口，执行"权限→权限"命令，进入"操作员权限"窗口。

（2）设置操作员权限。选择账套为"666鲁星纺织"，选择操作员"王宏"，单击工具栏中的"增加"按钮，打开"增加权限"对话框，双击选择"公用目录设置""采购管理""应付管理""购销存"权限。

（3）单击"确定"按钮。同理，设置其他操作员的操作权限，如图1-2所示。

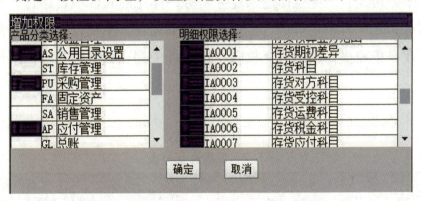

图1-2　设置其他操作员的操作权限

三、启用购销存系统

以账套主管LX01的身份登录，在"系统管理"窗口，执行"账套→启用"命令，进入"系统启用"窗口，勾选"购销存管理""总账""核算"复选框，弹出"日历"对话框，选择日期"2023年01月01日"，如图1-3所示。

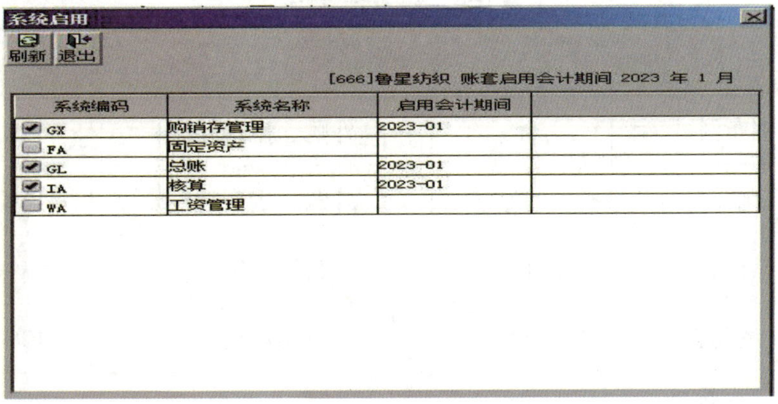

图1-3　设置账套启用日期

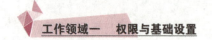

注意：

在建立账套后，可立即启用要使用的模块。在此也可以不启用，当需要使用某个模块时，以账套主管身份注册系统管理，启用该模块。

工作任务二 企业基础档案设置

任务情境

鲁星纺织有限公司经营业务全面进入业务财务一体化的软件平台运行，根据企业会计制度和管理目标需求，在平台中正确进行企业基础档案设置，主要包括存货分类、存货档案等基础档案维护。现在按照操作员的职能权限在T3软件中完成相应的基础档案设置工作。具体工作任务如下：

1.设置存货分类（表1-2）

表1-2 设置存货分类

存货类别编码	存货类别名称
01	原材料
02	库存商品
03	应税劳务

2.设置存货档案（表1-3）

表1-3 设置存货档案

存货编号	存货名称	计量单位	存货属性	税率	存货分类
Y001	棉布网衬	米	外购、生产耗用	13%	01
Y002	化纤布	米	外购、生产耗用	13%	01
K001	衬衣	件	自制、销售	13%	02
K002	运动服	套	自制、销售	13%	02
L001	运费	次	劳务费用	9%	03

3.设置仓库档案（表1-4）

表1-4　设置仓库档案

仓库编码	仓库名称	所属部门	计价方式
1	原材料库	仓储部	先进先出法
2	产成品库	仓储部	先进先出法

4.设置收发类别

入库类别"11采购入库"；出库类别"21销售出库"。

5.设置采购类型（表1-5）

表1-5　设置采购类型

采购类型编码	采购类型名称	入库类别	是否默认值
00	普通采购	采购入库	是

6.设置销售类型（表1-6）

表1-6　设置销售类型

销售类型编码	销售类型名称	出库类别	是否默认值
00	普通销售	销售出库	是

7.设置费用项目（表1-7）

表1-7　设置费用项目

费用项目编号	费用项目名称
01	运输费

8.设置付款条件（表1-8）

表1-8　设置付款条件

编号	付款条件
01	2/10，1/20，n/30

根据公司实际工作需要，请在软件中帮助会计人员完成存货分类、存货档案、仓库档案、收发类别、采购类型、销售类型、费用项目、付款条件等基础档案信息维护的操作处理。

一、存货分类与存货档案

1.存货分类

存货分类是指按照存货固有的特征或属性将存货划分为不同的类别，以便分类核算与统计。如原材料、库存商品等。另外，在企业日常购销业务中，经常会发生一些劳务费用，如运输费、装卸费等，这些费用也是构成企业存货成本的一个组成部分。为了能够正确反映和核算这些劳务费用，一般在存货分类中单独设置一类，如"应税劳务"或"劳务费用"。

2.存货档案

存货档案的设置对整个购销存系统的运行具有关键的作用。企业若有采购、销售和生产业务的核算，必须设置存货档案，以便在填制业务单据时能够参照选择。在"存货档案"窗口中包括四个选项卡：基本、成本、信息和其他。主要设置存货的基本信息，包括存货编码、存货代码、存货名称、规格型号、计量单位、所属分类、存货属性、税率等。常见存货属性有：

销售——用于发货单、销售发票、销售出库单等与销售有关的单据参照使用，表示该存货可用于销售。

外购——用于购货所填制的采购入库单、采购发票等与采购有关的单据参照使用，在采购发票、运费发票上一起开具的采购费用，也应设置为外购属性。

生产耗用——存货可在生产过程被领用、消耗。生产产品耗用的原材料、辅助材料等在开具材料领料单时参照。

自制——由企业生产自制的存货，如产成品、半成品等，主要用在开具产成品入库单时参照。

在制——指尚在制造加工中的存货。

应税劳务——指在采购发票上开具的运输费、包装费等采购费用及开具在销售发票或发货单上的应税劳务、非应税劳务等。

二、其他基本档案

1.仓库档案

存货一般是存放在仓库中保管的。对存货进行核算管理，就必须建立仓库档案。仓库档案主要设置仓库编码、仓库名称、计价方法等。

2.收发类别

收发类别是用来表示存货的出入库类型，便于对存货的出入库情况进行分类汇总统计，企业可以根据实际需要进行设置。

3. 采购类型

设置采购类型，能够按采购类型对采购业务数据进行统计和分析。采购类型不分级次，企业可以根据实际需要进行设置。

4. 销售类型

设置销售类型，能够按销售类型对销售业务数据进行统计和分析。销售类型不分级次，企业可以根据实际需要进行设置。

5. 费用项目

销售过程中有很多不同的费用发生，如代垫费用、销售支出等，在系统中将其设为费用项目，以方便记录和统计。

6. 付款条件

付款条件也叫现金折扣条件，用来设置企业在经营过程中与往来单位协议规定的收、付款折扣优惠条件。付款条件通常可表示为"2/10，1/20，n/30"，意思是客户在10天内偿还货款可以得到2%的折扣；在20天内偿还货款，可以得到1%的折扣；在30天以后偿还货款需要全额支付货款（其中，"30"为信用天数；"10"为优惠天数1；"20"为优惠天数2；"2"为优惠率1；"1"为优惠率2）。

工作步骤

以账套主管LX01的身份登录信息门户。输入或选择如下信息：操作员"LX01"；账套"666鲁星纺织"账套；会计年度"2023"；日期"2023-01-01"。

一、存货分类

（1）执行"基础设置→存货→存货分类"命令，打开"存货分类"窗口，如图1-4所示。

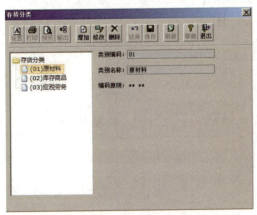

图1-4　存货分类设置

（2）在"存货分类"窗口中，单击"增加"按钮，输入类别编码"01"，类别名称"原

材料"，单击"保存"按钮。同理，增加其他存货分类信息。

二、存货档案

（1）执行"基础设置→存货→存货档案"命令，打开"存货档案卡片"窗口。

（2）在"存货档案卡片"窗口中，单击选中"01原材料"，单击"增加"按钮，输入存货档案信息，如图1-5所示，单击"保存"按钮。同理，增加其他存货档案。

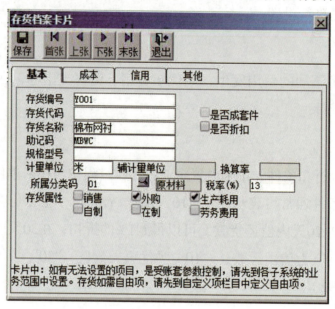

图1-5　存货档案设置

三、仓库档案

（1）执行"基础设置→存货→仓库档案"命令，打开"仓库档案卡片"窗口。

（2）在"仓库档案卡片"窗口中，输入仓库编码、仓库名称、所属部门、计算方式等信息，如图1-6所示，单击"保存"按钮。

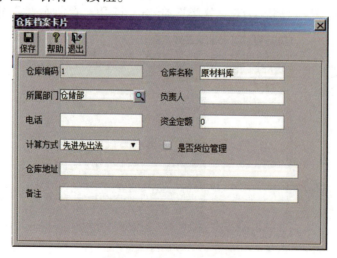

图1-6　仓库档案设置

四、设置收发类别

（1）执行"基础设置→购销存→收发类别"命令，打开"收发类别"窗口。

（2）在"收发类别"窗口中，单击"增加"按钮，输入收发类别。对于本工作任务要求设置的收发类别，系统已预置，如图1-7所示。

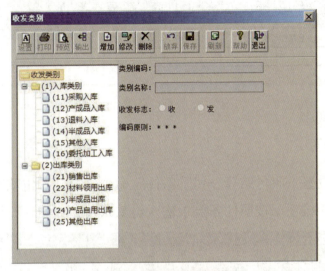

图1-7　收发类别设置

五、设置采购类型

（1）执行"基础设置→购销存→采购类型"命令，打开"采购类型"窗口。

（2）在"采购类型"窗口中，单击"增加"按钮，输入采购类型。对于本工作任务要求设置的采购类型，系统已预置，如图1-8所示。

图1-8　采购类型设置

六、设置销售类型

（1）执行"基础设置→购销存→销售类型"命令，打开"销售类型"窗口。

（2）在"销售类型"窗口中，单击"增加"按钮，输入销售类型。对于本工作任务要求设置的销售类型，系统已预置，如图1-9所示。

图1-9　销售类型设置

七、设置费用项目

（1）执行"基础设置→购销存→费用项目"命令，打开"费用项目"窗口。

（2）单击"增加"按钮，根据任务要求设置费用项目，如图1-10所示。

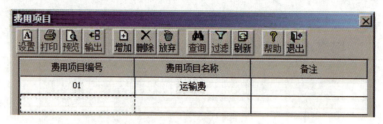

图1-10　费用项目设置

八、设置付款条件

（1）执行"基础设置→收付结算→付款条件"命令，打开"付款条件"窗口。

（2）单击"增加"按钮，按照任务要求输入付款条件，如图1-11所示。

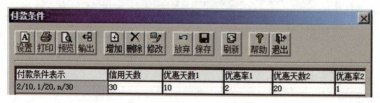

图1-11　付款条件设置

工作领域二
购销存初始数据录入与设置

"购销存初始数据录入与设置"工作领域在业务财务一体化信息化管理中起到了承上启下的作用。在企业基础档案信息输入完毕后，在开展日常购销存业务之前，需要结合企业的实际核算情况，设置各模块的系统参数，并在系统平台中录入各模块的期初数据，以保证企业会计核算数据的连续性，从而满足企业财务核算与管理的需要。主要工作任务包括采购模块期初数据录入与设置、销售模块期初数据录入与设置、库存模块期初数据录入与设置以及购销存各模块期初记账等工作。

该工作领域具体任务包括：

1. 采购模块期初数据录入与设置

采购与应付管理模块期初数据主要包括期初采购入库单、期初采购发票、供应商往来期初数据、采购业务范围设置等相关数据的录入与设置。涉及的业务单据有期初采购入库单、期初采购发票、其他应付单、预付单等。由于业务财务一体化信息化平台数据存在着内在的联系，必须保证财务数据（科目余额表的数据）与采购模块的期初数据要相符。

2. 销售模块期初数据录入与设置

销售与应收管理模块期初数据主要包括客户往来期初数据、销售业务范围设置等相关数据的录入与设置。涉及的业务单据有销售发票、其他应收单、预收单等。销售模块也应像采购模块一样，必须保证财务数据（科目余额表的数据）与销售模块的期初数据要相符。

3. 库存模块期初数据录入与设置

库存管理模块期初数据主要包括库存存货期初数据的录入。主要涉及各个仓库期初库存商品、原材料等存货的数量及成本数据。库存管理模块同样要与财务数据核对，必须保证财务数据（科目余额表的数据）与库存模块的期初数据要相符。

4. 购销存各模块期初记账

期初记账工作主要表明期初数据录入工作的结束，同时，也说明当期业务的开始。在购销存期初数据输入完毕，与财务数据核对无误后，购销存模块需要进行期初记账工作。主要是采购、库存模块需要完成期初记账工作。

学习目标

【知识目标】

1.了解购销存模块初始化的工作内容。

2.理解购销存期初数据在业财一体化中的作用。

3.掌握供应商往来、客户往来和库存期初数据录入的具体操作。

4.掌握采购、库存期初数据记账及购销存参数的设置操作。

5.掌握存货科目、存货对方科目、客户往来科目及供应商往来科目等基础科目设置的操作。

【技能目标】

1.能够规范、准确地完成购销存期初数据录入的操作处理。

2.培养学生能够根据实际问题独立思考，具备采购、销售、库存模块期初数据的录入以及购销存基础科目设置的软件处理能力，胜任基于业财一体化软件中购销存初始设置工作。

【素养目标】

1.培养认真细致、专注执着、谨慎勤勉的职业意识和良好的职业习惯。

2.引导学生爱岗敬业、诚实守信、一丝不苟、踏实认真。

【素养小课堂】

某领导人曾经说过：世界上怕就怕"认真"二字！在会计实际工作中，会计人员需要输入和核算大量的数据，这样就不可避免地会出现一些错误，特别是期初各种数据的整理工作。因此，会计工作一定要做到认真细致、专注执着、谨慎勤勉、操守为重。在潜移默化中使学生坚定理想信念，践行社会主义核心价值观，使学生树立文化自信、民族自豪感和文化归属感。帮助学生树立诚信为本的会计观和操守为重的责任观，培养出具备扎实理论功底、超高专业技能与良好职业道德操守的新时代高素质会计人才。

工作任务一　购销存期初数据输入

任务情境

鲁星纺织有限公司经营业务全面进入业财一体化的软件平台运行，根据企业会计制度和管理目标需求，在平台中正确进行企业购销存期初数据输入，主要包括供应商往来期初数据录入、客户往来期初数据录入、库存期初数据录入、期初采购入库单录入、期初记账及购销存参数设置等期初数据的维护。按照操作员的职能权限，在T3软件中完成相应的期初数据输入及设置工作。具体工作任务如下：

鲁星纺织公司于2023年1月1日启用购销存与核算模块，进行购销存核算。

1.采购模块期初数据

（1）期初采购入库单。

2022年12月28日，从鲁顺轻纺有限公司采购的化纤布1 000米，暂估单价为20元，商品验收入原料库，发票尚未收到。

（2）期初采购发票。

2022年12月20日，从欣欣棉纺有限公司购入棉布网衬5 000米，无税单价10元，取得增值税专用发票，商品尚未验收入库，发票号为：68954254。

（3）供应商往来期初数据，见表2-1。

表2-1　供应商往来期初数据

发票号	开票日期	供应商	部门名称	科目编码	存货名称	数量/米	单价/元	金额/元	票据类型
68902164	2022-12-12	鲁顺轻纺	采购部	220201	棉布网衬	1 500	10	16 950	专用发票
68928456	2022-11-25	欣欣棉纺	采购部	220201	化纤布	3 000	20	67 800	普通发票
业务日期		供应商	部门名称	科目编码	金额/元				票据类型
2022-12-25		兴达纺织	采购部	220201	56 500				应付单
2022-11-16		欣欣棉纺	采购部	1123	10 000				预付单

（4）采购业务范围设置：显示现金折扣。

2. 销售模块期初数据

（1）供应商往来期初数据，见表2-2。

表2-2　供应商往来期初数据

发票号	开票日期	客户	部门名称	科目编码	存货名称	数量/米	单价/元	金额/元	票据类型
25783378	2022-10-05	济南宏达	销售部	1121	衬衣	2 000	100	226 000	专用发票
34008982	2022-12-02	淄博长江	销售部	1122	运动服	1 500	226	339 000	普通发票
业务日期		客户	部门名称	科目编码		金额/元			票据类型
2022-11-17		青岛顺峰	销售部	1122		237 300			应收单
2022-12-16		济南宏达	销售部	2203		5 000			预收单

（2）销售业务范围设置：显示现金折扣。

3. 库存模块期初数据

2022年12月31日，对各个仓库进行了盘点，见表2-3。

表2-3　库存期初数据

仓库名称	存货编码	存货名称	数量/米	单价/元	金额/元	小计
原材料库	Y001	棉布网衬	5 000	10	50 000	150 000
原材料库	Y002	化纤布	5 000	20	100 000	
产成品库	K001	衬衣	5 000	60	300 000	1 200 000
产成品库	K002	运动服	9 000	100	900 000	
合计						1 350 000

4. 期初记账

采购、库存模块完成期初记账。

根据公司实际需要，请在软件中帮助会计人员完成供应商往来期初数据录入、客户往来期初数据录入、库存期初数据录入、期初采购入库单、期初记账及购销存参数设置等期初数据维护的操作处理。

一、采购与应付管理系统期初设置

在T3软件中，采购管理系统期初需要进行采购管理控制参数设置及期初采购数据录入工作。

1.参数设置

采购管理系统参数的设置，是指在处理日常业务之前，确定采购业务的范围、类型以及对各种采购业务的核算要求。如业务控制参数、公共参数、结算选项、应付参数等。一般在系统初始化时应该设置相关的系统参数。

2.期初采购数据录入

采购管理系统的期初数据是指在启用系统之前，已经收到采购货物，但尚未收到供货方开具的采购发票，或者已经取得了供货方的采购发票，尚未收到采购的货物，不能进行采购结算的业务。期初数据包括：

（1）期初暂估入库：在启用采购管理系统时，货物已验收入库，没有取得供应商的采购发票，即暂估入库业务。对于这类业务，一般进行期初采购入库单录入。

（2）期初在途存货：在启用采购管理系统时，已经取得供应商的采购发票，但货物没有验收入库，即在途业务。对于这类业务，一般进行期初采购发票录入。

无论是否有采购期初数据，采购管理系统都要执行期初记账，否则，不能开始采购日常业务。采购管理系统如果不执行期初记账，库存管理系统不能进行期初记账。

二、销售与应收管理系统期初设置

在T3软件中，销售管理系统期初需要进行销售管理控制参数设置及期初余额录入工作。

1.参数设置

销售管理系统参数的设置，是指在处理日常业务之前，确定销售业务的范围、类型以及对各种销售业务的核算要求。如业务控制、系数参数、价格管理、应收参数等。一般在系统初始化时应该设置相关的系统参数。

2.期初余额录入

客户往来期初余额，是指企业已形成的应收款项到目前为止尚未收到的余额。主要包括未结算完的发票和应收单、预收款单据、未结算完的应收票据等。为了便于以后与收款单核销，在初次使用销售与应收管理系统时，应将未处理完的应收款全部录入本系统中。

在销售与应收管理系统中，往来款余额是按单据形式录入的。应收账款余额通过发票、应收单形式录入，预收账款余额通过收款单录入。输入完成后，要与总账系统中相应的客户往来账户余额核对，以检查输入的往来未达账与相应往来科目余额是否相等。

三、库存管理系统期初设置

在用友T3软件中，库存管理系统期初需要进行库存期初数据录入工作。

在初次使用库存管理系统时，应先输入全部存货的期初余额。库存期初数据一般按照仓库完成期初数据录入。各个仓库存货的期初数据包括各种存货的期初数量和单价。存货期初数据既可以在库存模块录入，也可以在核算模块中录入。库存管理系统对所有仓库的期初数据进行记账，即使没有存货期初数据也要记账。

工作步骤

以账套主管孙丽的身份登录信息门户。输入或选择如下信息：操作员"LX01"；账套"666鲁星纺织"账套；会计年度"2023"；日期"2023-01-01"。

一、采购模块期初数据

1. 期初采购入库单

（1）执行"采购→采购入库单"命令，进入"采购入库单"窗口。

（2）单击"增加"按钮，输入或选择入库日期"2022-12-28"，仓库"原材料库"，供货单位"鲁顺轻纺"，输入或选择存货编码Y002，数量1 000，单价20，单击"保存"按钮，如图2-1所示。

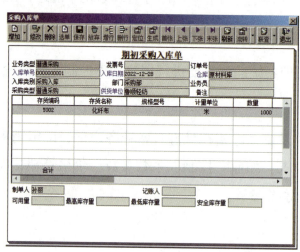

图2-1　输入期初采购入库单

2. 期初采购发票

（1）执行"采购→采购发票"命令，进入"采购发票"窗口。

（2）单击"增加"按钮，选择"专用发票"命令，输入或选择入库日期"2022-12-

20"，供货单位"欣欣棉纺"，输入或选择存货编码Y001，数量5 000，原币单价10，单击"保存"按钮，如图2-2所示。

图2-2　输入期初采购发票

3. 供应商往来期初数据

（1）执行"采购→供应商往来→供应商往来期初"命令，进入"期初余额—查询"对话框，单击"确定"按钮，进入"期初余额明细表"窗口。

（2）单击"增加"按钮，打开"单据类别"对话框，选择单据名称"采购发票"，单据类型"专用发票"，单击"确定"按钮，进入"采购专用发票"窗口。根据工作任务要求输入发票信息，单击"保存"按钮，如图2-3所示。

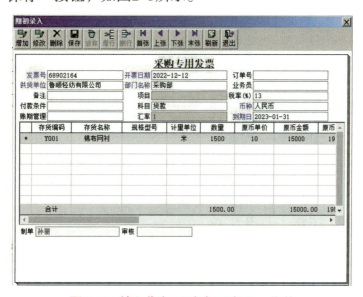

图2-3　输入期初采购专用发票—货款

（3）同理，完成其他单据形式的供应商往来期初数据录入，如采购普通发票、其他应付单、预付款等单据形式。录入完毕后，显示发票列表，如图2-4所示。

图2-4　供应商往来期初发票列表

4.采购业务范围设置

执行"采购→采购业务范围设置"命令，打开"采购业务范围设置"对话框，在"应付参数"设置页签，选择"显示现金折扣"复选框，单击"确认"按钮，如图2-5所示。

图2-5　采购业务范围设置

二、销售模块期初数据

1.客户往来期初数据

（1）执行"销售→客户往来→客户往来期初"命令，进入"期初余额—查询"对话框，单击"确定"按钮，进入"期初余额明细表"窗口。

（2）单击"增加"按钮，打开"单据类别"对话框，选择单据名称"销售发票"，单据类型"专用发票"，单击"确定"按钮，进入"销售专用发票"窗口。根据工作任务要求输入发票信息，单击"保存"按钮，如图2-6所示。

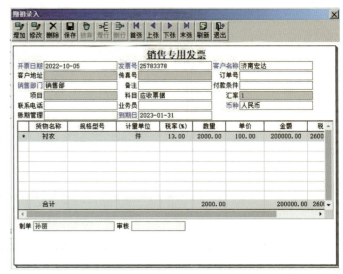

图2-6　输入期初销售专用发票—应收票据

（3）同理，完成其他单据形式的客户往来期初数据录入，如销售普通发票、其他应收单、预收款等单据形式。录入完毕后，显示发票列表，如图2-7所示。

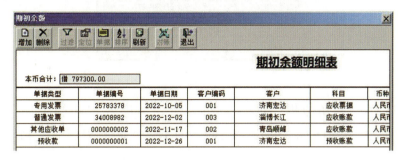

图2-7　客户往来期初发票列表

2. 销售业务范围设置

执行"销售→销售业务范围设置"命令，打开"销售业务范围设置"对话框，在"应收核销"页签，选择"显示现金折扣"复选框，单击"确认"按钮，如图2-8所示。

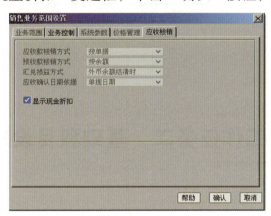

图2-8　销售业务范围设置

三、库存模块期初数据

（1）执行"库存→期初数据→库存期初"命令，进入"期初余额"窗口。

（2）选择仓库"原材料库"，单击"增加"按钮，根据任务要求输入原材料库期初数据，单击"保存"按钮，如图2-9所示。同理，输入"产成品库"期初数据。

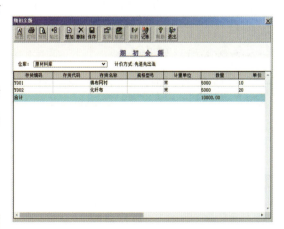

图2-9　输入原材料库期初数据

四、期初记账

（1）执行"采购→期初记账"命令，弹出"期初记账"信息提示框。单击"记账"按钮，期初记账完毕，如图2-10所示。

图2-10 期初记账

（2）执行"库存→期初数据→库存期初"命令，进入"期初余额"窗口。单击"记账"按钮，系统对所有仓库进行记账系统提示"期初记账成功！"，单击"确定"按钮，如图2-11所示。

图2-11 期初记账成功页面

工作任务二 基础科目设置

任务情境

鲁星纺织有限公司经营业务全面进入业财一体化的软件平台运行，根据企业会计制度和管理目标需求，在平台中企业正确进行基础科目设置，主要包括存货科目、存货对方科目等基础科目维护。现在按照操作员的职能权限在T3软件中完成相应的基础科目设置工作。具体工作任务如下：

鲁星纺织有限公司于2023年1月1日进入购销存模块，进行购销存基础科目的设置。

1.存货科目（表2-4）

表2-4 存货科目

仓库名称	存货科目
原材料库	原材料—棉布网衬
产成品库	库存商品

2.存货对方科目（表2-5）

表2-5　存货对方科目

类别编码	类别名称	存货对方科目
11	采购入库	在途物资
21	销售出库	主营业务成本

3.客户往来基本科目（表2-6）

表2-6　客户往来基本科目

往来项目	核算科目
应收科目	应收账款
销售收入科目	主营业务收入
应交增值税科目	应交税费—应交增值税（销项税额）
销售退回科目	主营业务收入
预收科目	预收账款
现金折扣科目	财务费用—现金折扣

4.客户往来结算方式科目（表2-7）

表2-7　客户往来结算方式科目

结算方式编码	结算方式名称	核算科目
1	现金	库存现金
201	现金支票	银行存款—建设银行
202	转账支票	银行存款—建设银行
3	汇兑	银行存款—建设银行
4	其他	银行存款—建设银行

5.供应商往来基本科目（表2-8）

表2-8　供应商往来基本科目

往来项目	核算科目
应付科目	应付账款—货款
采购科目	在途物资
采购税金科目	应交税费—应交增值税（进项税额）
预付科目	预付账款
现金折扣科目	财务费用—现金折扣

6.供应商往来结算方式科目（表2-9）

表2-9　供应商往来结算方式科目

结算方式编码	结算方式名称	核算科目
1	现金	库存现金
201	现金支票	银行存款—建设银行
202	转账支票	银行存款—建设银行
3	汇兑	银行存款—建设银行
4	其他	银行存款—建设银行

根据公司实际需要，请在软件中帮助会计人员完成存货科目、存货对方科目、客户往来科目、客户往来结算方式科目、供应商往来科目、供应商往来结算方式科目等基础科目信息维护的操作处理。

知识链接

核算模块是购销存模块与财务模块联系的桥梁，各种存货的购进、销售及其他出入库业务均在核算模块中生成凭证并传递到总账系统。为了快速、准确地完成制单操作，应事先设置凭证上的相关科目。

一、存货科目

存货科目是设置生成凭证所需要的各种存货科目和差异科目。存货科目既可以按仓库也可以按存货分类进行设置。存货科目设置后，系统在生成相应凭证时，会自动获取设置的会计科目。常见的存货科目有"原材料""库存商品"等。

二、存货对方科目

对方科目是设置生成凭证所需要的存货对方科目，通常可以按收发类别设置。

通过设置存货对方科目，可保证各类出入库业务能自动生成记账凭证。

三、客户往来基本科目

为了简化应收款业务的凭证生成操作，可以对各种业务凭证中常用科目预先设置。科目设置的内容如下：

1.基本科目设置

基本科目是指在核算应收款项时经常用到的科目，可以作为常用科目设置，而且科目必须是末级科目。

◆应收账款和预收账款科目

应收账款和预收账款科目是最常用的核算本位币赊销欠款和预收款的科目，可作为应收款管理子系统基本科目进行设置。企业也可根据需要将预收款并入应收账款中核算。应收和预收账款科目必须是有客户类辅助核算的科目。

◆销售收入科目、应交税金科目、销售退回科目

销售收入科目、应交税金—应交增值税（销项税额）科目、销售退回科目是最常用的核算销售业务的科目，可以作为核算销售收入、销项税额和销售退回的基本科目，在应收款管理子系统中进行设置。

2. 控制科目的设置

在核算客户的赊销欠款时，可针对不同的客户（客户分类、地区分类）分别设置不同的应收账款科目和预收账款科目。

3. 产品科目的设置

可以针对不同的存货（存货分类）分别设置不同的销售收入科目、应交增值税科目和销售退回科目。

4. 结算方式科目的设置

不仅可以设置常用的科目，还可以为每种结算方式设置一个默认的科目，以便在应收账款核销时，直接按不同的结算方式生成相应的账务处理中所对应的会计科目。

四、供应商往来基本科目

为了简化应付款业务的凭证生成操作，可以对各种业务凭证中常用科目预先设置。主要包括基本科目设置、控制科目设置、产品科目设置、结算方式科目设置等。其设置方法与客户往来科目设置类似，不再赘述。

其中，基本科目是指在核算应付款项时经常用到的科目，常见的应付和预付科目为应付账款和预付账款科目，采购科目、采购税金科目最常用的分别为在途物资和应交税费—应交增值税（进项税额）。

🖩 **工作步骤**

以账套主管孙丽的身份登录信息门户。输入或选择如下信息：操作员"LX01"；账套"666鲁星纺织"账套；会计年度"2023"；日期"2023-01-01"。

一、设置存货科目

执行"核算→科目设置→存货科目"命令，进入"存货科目"窗口。单击"增加"按

钮，根据工作任务要求输入存货科目，单击"保存"按钮，如图2-12所示。

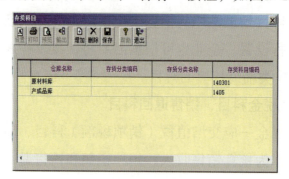

图2-12 设置存货科目

二、设置存货对方科目

执行"核算→科目设置→存货对方科目"命令，进入"对方科目设置"窗口。单击"增加"按钮，根据工作任务要求输入存货对方科目，如图2-13所示。

图2-13 设置存货对方科目

三、设置客户往来科目

（1）执行"核算→科目设置→客户往来科目"命令，进入"客户往来科目设置"窗口。单击"基本科目设置"，根据工作任务要求输入基本科目，如图2-14所示。

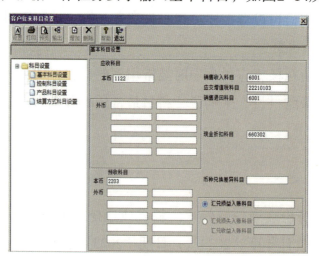

图2-14 客户往来科目—基本科目设置

（2）单击"结算方式科目设置"，根据工作任务要求输入结算方式科目，如图2-15所示。

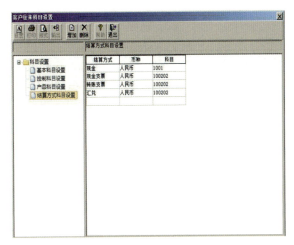

图2-15　客户往来科目—结算方式科目设置

四、供应商往来科目

（1）执行"核算→科目设置→供应商往来科目"命令，进入"供应商往来科目设置"窗口。单击"基本科目设置"，根据工作任务要求输入基本科目，如图2-16所示。

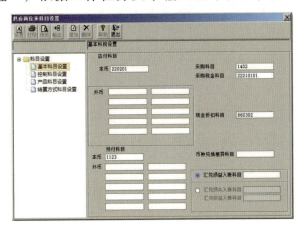

图2-16　供应商往来科目—基本科目设置

（2）单击"结算方式科目设置"，根据工作任务要求输入结算方式科目，如图2-17所示。

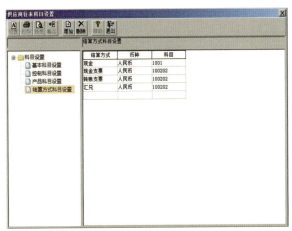

图2-17　供应商往来科目—结算方式科目设置

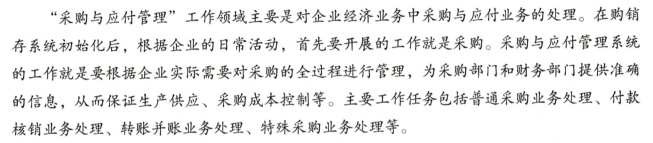

工作领域三
采购与应付管理

　　"采购与应付管理"工作领域主要是对企业经济业务中采购与应付业务的处理。在购销存系统初始化后，根据企业的日常活动，首先要开展的工作就是采购。采购与应付管理系统的工作就是要根据企业实际需要对采购的全过程进行管理，为采购部门和财务部门提供准确的信息，从而保证生产供应、采购成本控制等。主要工作任务包括普通采购业务处理、付款核销业务处理、转账并账业务处理、特殊采购业务处理等。

　　该工作领域具体任务包括：

1.普通采购业务处理

　　普通采购业务处理主要是从企业的采购订单入手，对采购入库单、采购发票、采购结算单等按采购流程进行处理，获取业务数据，进行财务核算。主要包括普通赊购业务处理和普通现购业务处理。

2.付款核销业务处理

　　付款核销业务处理主要是实现企业与供货资金的结算，主要包括普通付款核销业务、预付款核销业务等。

3.转账并账业务处理

　　转账并账业务处理主要是企业与多家供应商之间、供应商与供应商之间的货款的结算。主要包括应付冲应付（并账）业务和预付冲应付（转账）业务等。

4.特殊采购业务处理

　　特殊采购业务处理主要是除普通采购业务之外的采购业务处理，主要包括采购运费业务处理、采购折扣业务处理、采购损耗业务处理、上月在途本月入库业务处理、采购退货业务处理、采购暂估回冲业务处理、采购暂估业务处理等。

学习目标

【知识目标】

1.了解采购与应付管理子系统的主要功能。

2.熟悉不同类型采购业务的处理流程。

3.理解采购结算的作用。

4.理解核销的含义。

5.理解转账、并账的意义。

【技能目标】

1.能够规范、准确地掌握不同类型采购业务的操作处理。

2.能够规范、准确地掌握核销业务和转并账业务的操作处理。

3.培养学生能够根据实际问题独立思考，具备采购业务、付款核销业务以及转并账业务的软件处理能力，胜任基于业财一体化软件中采购与应付管理工作。

【素养目标】

1.培养认真细致、严谨务实职业意识和良好的职业习惯。

2.引导学生树立正确的会计价值观，遵循会计职业道德，做到工作专业规范。

【素养小课堂】

案例讨论：某企业在常规审计中发现，该企业12月出现了采购数量大、品种多的现象。审计人员进行了相应的调查，其中发现采购款并非直接支付给供应商，而是支付到某项目经理个人账户。在调查银行流水时发现，实际支付给供应商款项与发票额相差10万元。通过这则案例，让学生知道会计人员在做账务处理和办理付款业务时，对采购发票、结算凭证、验收证明等相关凭证的真实性、完整性、合法性及合规性需进行严格审核，并通过对职能部门的问责制度对采购与付款的内部控制进行监督检查。建立规则意识和流程意识，切实做到有请求必申请，有申请必审批必签字，有交易必合同，无票据不支付，无签章不会计。培养学生要遵循会计职业道德，注重每个工作环节，做到严谨、细致、专业、规范，建立正确的会计价值观。

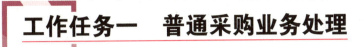

工作任务一　普通采购业务处理

任务情境

鲁星纺织有限公司采购业务全面进入业财一体化的软件平台运行，企业发生如下采购业务，按照操作员的职能权限，在T3软件中完成相应的业务处理。具体工作任务如下：

1. 普通赊购业务处理

2023年1月2日，采购部与鲁顺轻纺有限公司签订采购合同，预订购棉布网衬1 000米，单价15元，如图3-1所示。

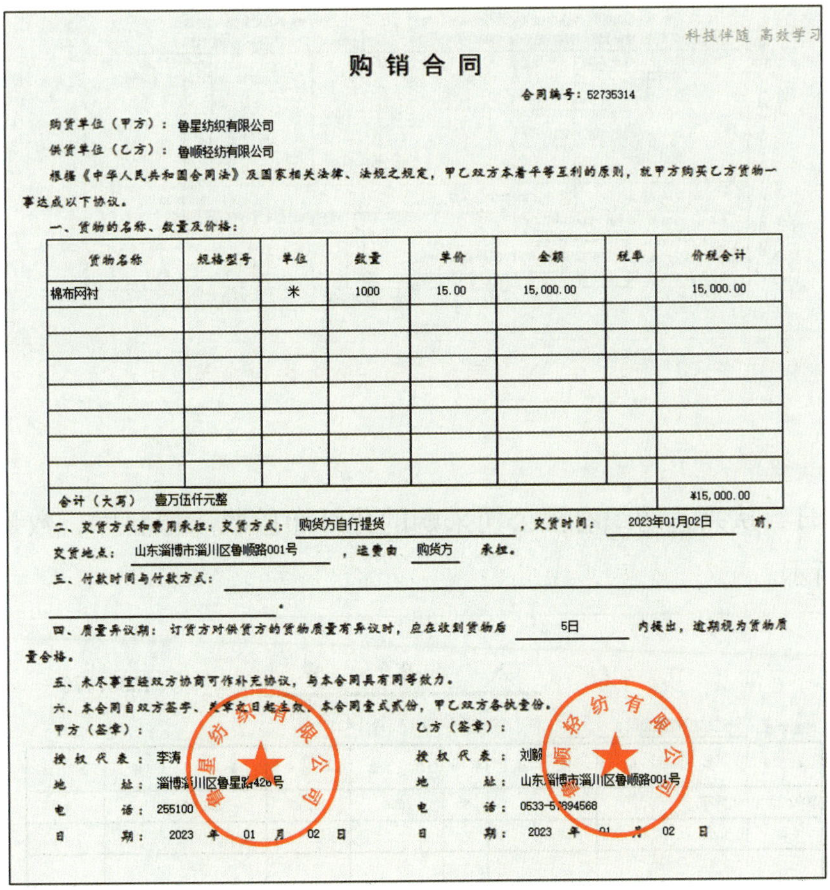

科技伴随 高效学习

购销合同

合同编号：52735314

购货单位（甲方）：鲁星纺织有限公司

供货单位（乙方）：鲁顺轻纺有限公司

根据《中华人民共和国合同法》及国家相关法律、法规之规定，甲乙双方本着平等互利的原则，就甲方购买乙方货物一事达成以下协议。

一、货物的名称、数量及价格：

货物名称	规格型号	单位	数量	单价	金额	税率	价税合计
棉布网衬		米	1000	15.00	15,000.00		15,000.00
合计（大写） 壹万伍仟元整							¥15,000.00

二、交货方式和费用承担：交货方式：购货方自行提货，交货时间：2023年01月02日前，交货地点：山东淄博市淄川区鲁顺路001号，运费由购货方承担。

三、付款时间与付款方式：＿＿＿＿＿＿。

四、质量异议期：订货方对供货方的货物质量有异议时，应在收到货物后5日内提出，逾期视为货物质量合格。

五、未尽事宜经双方协商可作补充协议，与本合同具有同等效力。

六、本合同自双方签字、盖章之日起生效，本合同壹式贰份，甲乙双方各执壹份。

甲方（签章）：	乙方（签章）：
授权代表：李涛	授权代表：刘毅
地址：淄博淄川区鲁星路426号	地址：山东淄博市淄川区鲁顺路001号
电话：255100	电话：0533-57894568
日期：2023年01月02日	日期：2023年01月02日

图3-1　采购合同

2023年1月2日，从鲁顺轻纺有限公司采购的棉布网衬验收入原料库，数量1 000米，单价15元，如图3-2所示。

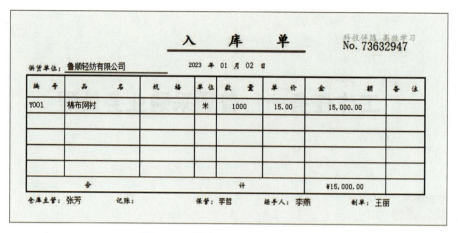

图3-2 棉布网衬采购入库单

2023年1月2日，收到从鲁顺轻纺有限公司采购棉布网衬的增值税专用发票一张，数量1 000米，单价15元，增值税税率13%，如图3-3所示。

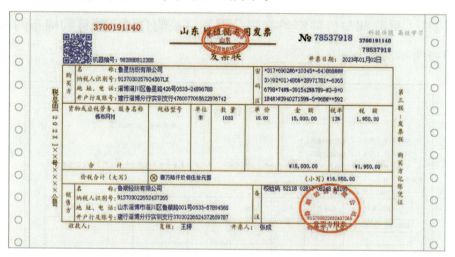

图3-3 棉布网衬采购增值税专用发票

2. 普通现购业务处理

2023年1月3日，从兴达纺织有限公司采购的化纤布验收入原料库，数量1 000米，单价25元，如图3-4所示。

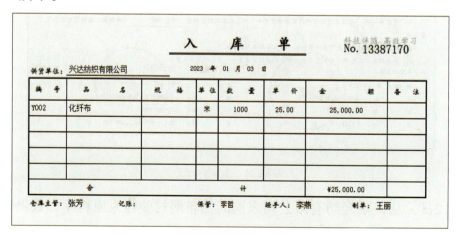

图3-4 化纤布采购入库单

2023年1月3日，收到从兴达纺织有限公司采购化纤布的增值税专用发票一张，数量1 000米，单价25元，增值税税率13%，如图3-5所示。

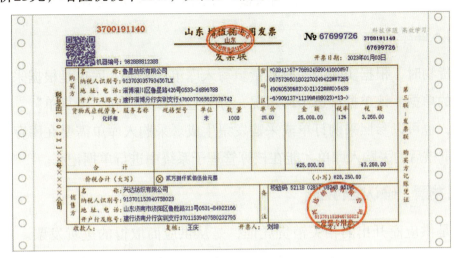

图3-5　化纤布采购增值税专用发票

同日，企业开出一张转账支票支付货款，如图3-6所示。

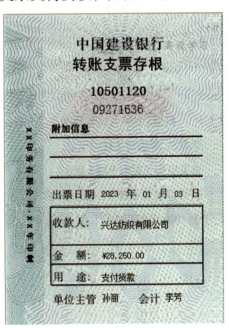

图3-6　转账支票存根

根据公司实际业务，请在软件中帮助会计人员完成采购合同、采购入库单和采购发票等业务处理，实现业务财务一体化的管理目标。

📖 知识链接

一、采购订单

采购订单是采购系统中重要的业务单据。订货确认后，在用友T3软件中，需要在系统中输入采购订单。采购订单经过审核才能生成其他单据，如采购入库单、采购发票等。采购订单审核后，可以弃审，如果该采购订单流转生成其他单据，则该采购订单不可弃审，将流转生成的单据删除后方可修改或删除。没有采购订单的采购业务可以不必录入采购订单。

二、采购入库单

企业收到货物时，根据实际入库的数量填写入库单。采购入库单是根据采购到货签收的实收数量填制的单据。该单据按进出库情况，分为"入库单"和"退货单"。采购入库单既可以直接输入，也可以参照采购订单或采购发票生成。采购入库单需要在库存管理模块中进行审核，只有审核后的采购入库单才能在核算管理子系统中进行单据记账。

三、收到发票，确认应付款

采购发票是供应商开出的相关销货凭证，是从供应商取得的进货发票。在用友T3软件中，采购发票按发票类型，可分为增值税专用发票、普通发票；按业务性质，可分为蓝字发票和红字发票。系统根据采购发票确认采购成本确认应付款。

采购发票可以直接填制，也可以参照采购订单、采购入库单生成。采购发票审核后可以弃审，如果该采购发票流转生成其他单据或已结算，则该采购发票不可弃审，将流转生成的单据删除后，方可修改或删除。

四、采购结算，确定采购成本

采购结算也叫采购报账，是指根据采购入库单、采购发票确认采购成本。采购结算后，以发票金额为准，按发票上的金额重新计算采购成本，计入采购入库单，确定采购成本。

采购结算分为自动结算和手工结算两种方式。自动结算由计算机自动将相同供货单位、相同数量存货的采购入库单与采购发票进行结算；手工结算支持采购入库单与采购发票上的采购数量不同的结算以及费用发票等情况的结算。可以同时对多张入库单和多张发票进行结算。

工作步骤

以采购员王宏的身份登录信息门户。输入如下信息：操作员"LX04"，密码"空"，账套"666鲁星纺织"，会计年度"2023"，日期"2023-01-31"。

一、普通赊购业务

1.在采购模块填制采购订单

（1）执行"采购→采购订单"命令，进入"采购订单"窗口。

（2）单击"增加"按钮，输入日期"2023-01-02"，选择供货单位"鲁顺轻纺"，输入税率"13"，到期日"2023-01-31"。选择存货编号为"Y001"，输入数量"1 000"、单价

"15"。单击"保存"按钮，再单击"审核"按钮，如图3-7所示。

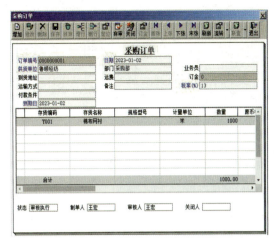

图3-7　填制采购订单

2. 在采购模块填制采购入库单（也可以根据采购订单流转生成）

（1）执行"采购→采购入库单"命令，进入"采购入库单"窗口。

（2）单击"增加"按钮，输入表头和表体数据：入库日期"2023-01-02"，仓库"原材料库"，部门"采购部"，入库类别"采购入库"，供货单位"鲁顺轻纺"。选择存货编号为"Y001"，输入数量"1 000"、单价"15"，单击"保存"按钮，如图3-8所示。

图3-8　填制采购入库单

注意：

采购入库单中单价可以不输入，入库单记账时，是以采购结算后的单价记账的。

3. 在采购模块填制、复核采购专用发票

执行"采购→采购发票"命令，填制采购专用发票，单击"复核"按钮，审核该增值税专用发票，如图3-9所示。

图3-9　审核采购专用发票

4.在采购模块将采购入库单和采购发票进行采购结算

（1）执行"采购→采购结算→手工结算"命令，打开"条件输入"对话框，单击"确定"按钮，进入"入库单和发票选择"窗口，选择相关的采购入库单和发票，如图3-10所示。

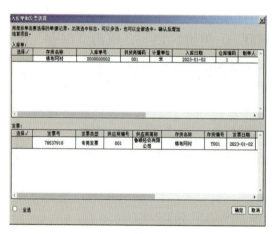

图3-10　入库单和发票选择

（2）单击"确定"按钮，打开"手工结算"窗口，如图3-11所示。单击"结算"按钮，完成采购发票与相应的采购入库单结算，单击"确定"按钮。

图3-11　手工结算列表

5.在库存模块审核采购入库单

执行"库存→采购入库单审核"命令，打开"采购入库单审核"对话框。选择对应的采购入库单，单击"复核"按钮，如图3-12所示。

图3-12　审核采购入库单

6.在核算模块对采购发票制单（发票制单）

（1）执行"核算→凭证→供应商往来制单"命令，选择"发票制单"，如图3-13所示。

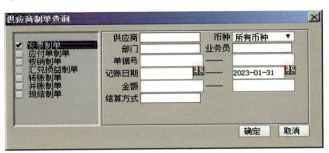

图3-13　选择"发票制单"

（2）单击"确定"按钮。单击选择"专用发票"行，修改制单日期为"2023-01-02"，如图3-14所示。

图3-14　选择采购发票

（3）单击"制单"按钮，进入"填制凭证"窗口，检查无误后，单击"保存"按钮，生成采购发票凭证，如图3-15所示。

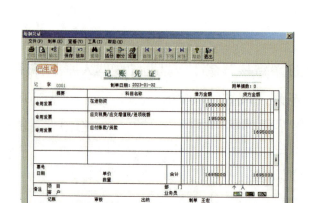

图3-15　生成采购发票凭证

7. 在核算模块对采购入库单记账

执行"核算→核算→正常单据记账"命令，单击"记账"按钮，如图3-16所示。

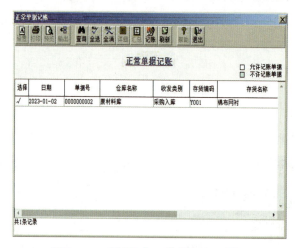

图3-16　选择"正常单据记账"

8. 在核算模块对采购入库单制单

（1）执行"核算→凭证→购销单据制单"命令，单击"选择"按钮，打开"查询条件"窗口，选择"采购入库单（报销记账）"选项，如图3-17所示。

（2）单击"确定"按钮。单击选择"采购入库单"行，如图3-18所示。

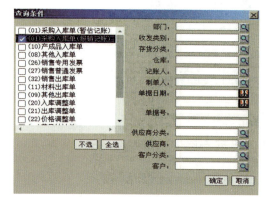

图3-17　选择"采购入库单（报销记账）"

图3-18　选择"采购入库单"行

（3）单击"确定"按钮，进入"生成凭证"窗口，如图3-19所示。

图3-19　"生成凭证"窗口

（4）单击"生成"按钮，进入"填制凭证"窗口，修改制单日期为"2023-01-02"，检查无误后，单击"保存"按钮，生成采购入库单凭证，如图3-20所示。

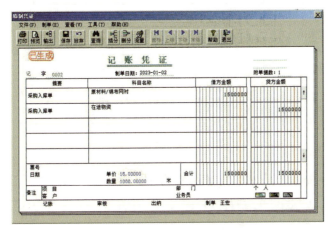

图3-20　生成采购入库单凭证

二、普通现购业务

1.在采购模块填制采购入库单

执行"采购→采购入库单"命令，填制采购入库单，如图3-21所示。

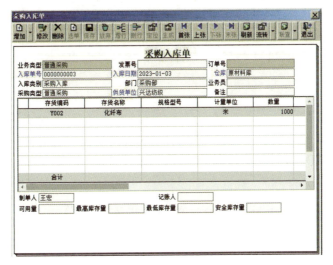

图3-21　填制采购入库单

2. 在采购模块填制、现付、复核采购专用发票

（1）执行"采购→采购发票"命令，填制采购专用发票，单击"现付"按钮，进入"采购现付"窗口，输入或选择结算方式"转账支票"、结算金额"28250"和票据号"09271636"，如图3-22所示，单击"确定"按钮。

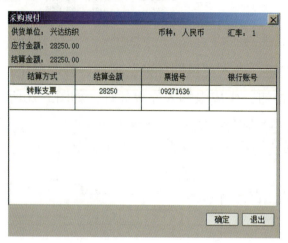

图3-22　采购现付

（2）单击"复核"按钮，审核该增值税专用发票，如图3-23所示。

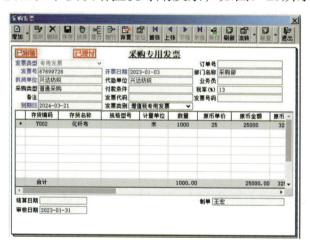

图3-23　审核采购增值税专用发票

3. 在采购模块将采购入库单和采购发票进行采购结算

执行"采购→采购结算→手工结算"命令，将采购发票与采购入库单结算。

4. 在库存模块审核采购入库单

执行"库存→采购入库单审核"命令，审核该采购入库单。

5. 在核算模块对采购发票制单（现结制单）

执行"核算→凭证→供应商往来制单"命令，选择"现结制单"，如图3-24所示，生成采购发票凭证，如图3-25所示。

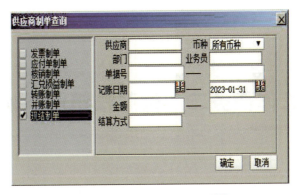

图3-24　选择"现结制单"

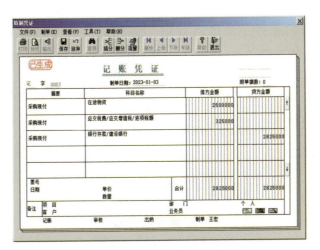

图3-25　生成采购发票凭证

6.在核算模块对采购入库单记账

执行"核算→核算→正常单据记账"命令，对该采购入库单记账。

7.在核算模块对采购入库单制单

执行"核算→凭证→购销单据制单"命令，生成采购入库单凭证，如图3-26所示。

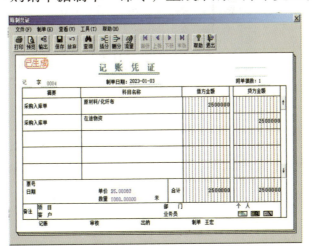

图3-26　生成采购入库单凭证

工作任务二 付款核销业务处理

任务情境

鲁星纺织有限公司采购业务全面进入业财一体化的软件平台运行，企业发生如下付款核销业务，按照操作员的职能权限在T3软件中完成相应的业务处理。具体工作任务如下：

1. 付款核销业务处理

2023年1月4日，开出转账支票一张，金额10 000元，支付2023年1月2日欠鲁顺轻纺有限公司部分货款，如图3-27所示。

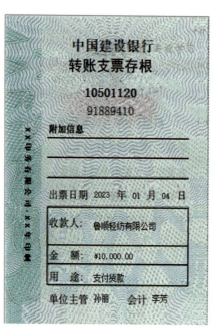

图3-27 转账支票存根

2. 预付款核销业务处理

2023年1月6日，通过网上银行向兴达纺织有限公司预付货款5 000元，如图3-28所示。

图3-28 网上银行电子回单

根据公司实际业务，请在软件中帮助会计人员完成一般付款核销、预付款核销及使用预付款核销等业务处理，实现业务财务一体化的管理目标。

知识链接

采购业务中，收发当日收到供应商提供的货物和发票之后，财务部门核对发票和入库情况无误以后，按双方约定的付款日期、付款方式和付款条件向供应商支付货款。付款结算需录入付款单据，并与应付给该供应商的应付货款进行核销。

1.付款单

当企业付款结算后，录入相应的付款单。付款单录入，是将支付供应商款项和供应商退回的款项，包括付款单与收款单（即红字付款单）进行录入。付款单是采购与应付模块必填的单据，需要与应付给该供应商的应付货款进行核销，并生成相应的记账凭证。

2.核销

采购业务的核销，是指确定付款单与采购发票、应付单之间对应关系的操作，核销的作用是处理付款核销应付款，建立付款与应付款的核销记录。明确核销关系后，可以进行精确的账龄分析，监督应付款及时核销，加强往来款项的管理。

在用友T3软件中，输入的付款单与采购发票、应付单记录的应付款进行核销。如果支付的货款等于应付款，可以完全核销；如果支付的款项少于应付款，只能部分核销；如果支付的款项多于应付款，那么余款可以转为预付款。

工作步骤

以采购会计王宏的身份登录信息门户。输入或选择如下信息：操作员"LX04"；账套"666鲁星纺织"账套；会计年度"2023"；日期"2023-01-31"。

一、付款核销业务

1.在采购模块填制付款单并与应付款进行核销

（1）执行"采购→供应商往来→付款结算"命令，进入"付款单"窗口。

（2）选择供应商"001鲁顺轻纺有限公司"，单击"增加"按钮，输入日期"2023-01-04"，结算方式"转账支票"，金额"10 000"，票据号"91889410"，单击"保存"按钮，如图3-29所示。

图3-29 填制付款单

（3）单击"核销"按钮，对单据日期为"2023-01-02"的单据进行部分核销，输入本次结算金额"10 000"，单击"保存"按钮，如图3-30所示。

图3-30 核销付款单

2.在核算模块对付款单制单（核销制单）

（1）执行"核算→凭证→供应商往来制单"命令，选择"核销制单"，如图3-31所示，单击"确定"按钮。

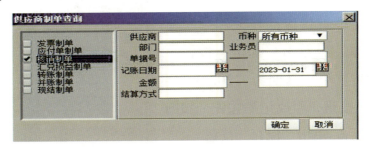

图3-31　选择核销制单方式

（2）单击选择要制单的付款单，日期为"2023-01-04"，如图3-32所示。

图3-32　选择付款单

（3）单击"制单"按钮，生成记账凭证，如图3-33所示，检查无误后，单击"保存"按钮，再单击"退出"按钮退出。

二、预付款核销业务

1.在采购模块填制付款单并与应付款进行核销

执行"采购→供应商往来→付款结算"命令，打开"付款单"窗口，填写付款单，如图3-34所示。单击"预付"按钮，进行预付处理。

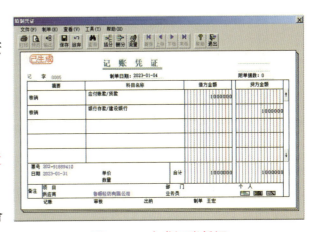

图3-33　生成记账凭证

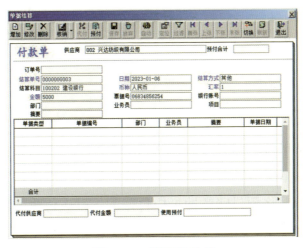

图3-34　填写付款单

2.在核算模块对付款单制单（核销制单）

执行"核算→凭证→供应商往来制单"命令，选择"核销制单"，单击"确定"按钮。单击选择要制单的付款单，日期为"2023-01-06"。单击"制单"按钮，生成记账凭证，如图3-35所示，检查无误后，单击"保存"按钮。

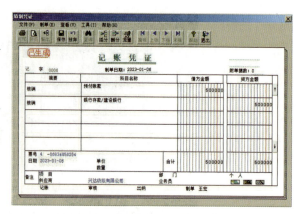

图3-35　生成记账凭证

工作任务三　转账并账业务处理

任务情境

鲁星纺织有限公司采购业务全面进入业财一体化的软件平台运行，企业发生如下并账与转账业务，按照操作员的职能权限在T3软件中完成相应的业务处理。具体工作任务如下：

1.应付冲应付并账业务处理

2023年1月9日，应付鲁顺轻纺有限公司的货款23 900元，转入兴达纺织有限公司。

2.预付冲应付转账业务处理

2023年1月10日，预付兴达纺织有限公司的2 000元抵付期初应付兴达纺织有限公司2 000元。

根据公司实际业务，请在软件中帮助会计人员完成并账与转账等业务处理，实现业务财务一体化的管理目标。

知识链接

在实际工作中，往来单位之间有可能互为供应单位，往来款项业务十分复杂。双方单位之间经常出现既有应收账款又有预收账款、既有应收账款又有应付账款的情况。因此，在实际工作中可以根据不同情况将预付账款冲抵应付账款，以应付账款冲抵应收账款、应付账款冲抵应付账款等。转并账处理功能即是完成往来业务相互冲抵操作的功能。

一、应付冲应付（并账）业务

应付冲应付是指将一家供应商的应付款转到另一家供应商中。通过应付冲应付功能可将应付款业务在供应商之间进行转入、转出，实现应付业务的调整，解决应付款业务在不同供应商之间入错户或合并户问题。

二、预付冲应付（转账）业务

预付冲应付是指处理供应商的预付款和该供应商应付欠款的转账核销业务。即某一个供应商有预付款时，可用该供应商的一笔预付款冲其一笔应付款。

工作步骤

以采购会计王宏的身份登录信息门户。输入或选择如下信息：操作员"LX04"；账套"666鲁星纺织"账套；会计年度"2023"；日期"2023-01-31"。

一、应付冲应付业务（并账）

1.在采购模块进行应付冲应付处理

执行"采购→供应商往来→应付冲应付"命令，打开"应付冲应付"对话框，修改日期为"2023-01-09"。在"转出户"中选择"鲁顺轻纺有限公司"，在"转入户"中选择"兴达纺织有限公司"，单击"过滤"按钮，输入转账金额，共计23 900元，如图3-36所示。单击"确定"按钮，保存成功。

图3-36　确定应付款并账金额

2.在核算模块对应付冲应付处理制单（并账制单）

执行"核算→供应商往来制单"命令，选择"并账制单"，生成应付冲应付凭证，如图3-37所示。

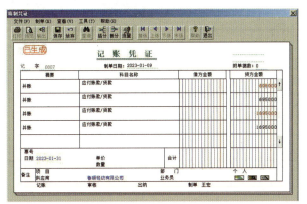

图3-37　应付冲应付凭证

二、预付冲应付业务（转账）

1.在采购模块进行预付冲应付处理

执行"采购→供应商往来→预付冲应付"命令，打开"预付冲应付"对话框，修改日期为"2023-01-10"。在"预付款"页签，选择供应商"兴达纺织有限公司"。单击"过滤"按钮，输入转账金额2 000，如图3-38所示。在"应付款"页签，单击"过滤"按钮，输入转账金额2 000，如图3-39所示，单击"确定"按钮。

图3-38 确定预付款转账金额

图3-39 确定应付款转账金额

2.在核算模块对预付冲应付处理制单（转账制单）

执行"核算→供应商往来制单"命令，选择"转账制单"，生成预付冲应付凭证，如图3-40所示。

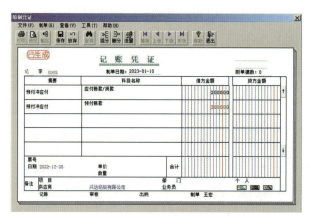
图3-40 预付冲应付凭证

工作任务四　特殊采购业务处理

工作任务 4.1　采购运费业务处理

任务情境

鲁星纺织有限公司采购业务全面进入业财一体化的软件平台运行，企业发生如下采购业务，按照操作员的职能权限在T3软件中完成相应的业务处理。具体工作任务如下：

1．采购运费发票同到业务处理

2023年1月5日，从欣欣棉纺有限公司购入化纤布2 000米，单价23元；棉布网衬1 000米，单价11元，收到从欣欣棉纺有限公司采购化纤布和棉布网衬的增值税专用发票一张，材料验收入库，货款尚未支付，如图3-41和图3-42所示。

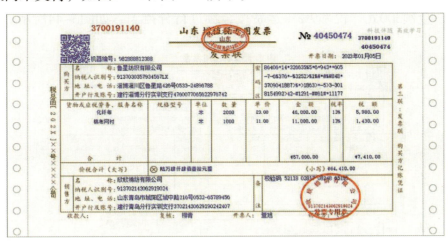

图3-41　采购增值税专用发票

编　号	品　　名	规　格	单位	数　量	单　价	金　　额	备　注
Y001	棉布网衬		米	1000		0.00	
Y002	化纤布		米	2000		0.00	
合　　计						¥0.00	

供货单位：欣欣棉纺有限公司　　2023 年 01 月 05 日　　No. 95889329

入 库 单

仓库主管：张芳　　记账：　　保管：李哲　　经手人：李燕　　制单：王丽

图3-42　采购入库单

同时收到顺达快运公司运费增值税专用发票一张，金额300元，税率9%，运费使用现金支付（运费按数量进行分摊），如图3-43所示。

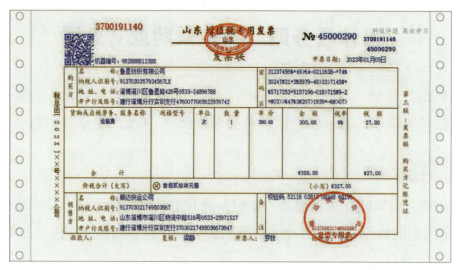

图3-43　采购运费增值税专用发票（1）

2. 采购运费发票后到业务处理

2023年1月5日，收到顺达快运公司开出的2023年1月3日从兴达纺织有限公司购入货物的运费专用发票，金额300元，税率9%（运费按金额进行分摊），如图3-44所示。

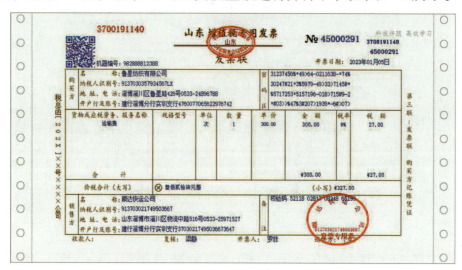

图3-44　采购运费增值税专用发票（2）

根据公司实际业务，请在软件中帮助会计人员完成采购发票、入库单及采购运费发票等业务处理，实现业财一体化的管理目标。

知识链接

采购运费业务

在企业采购业务活动中，如果有关采购发生的费用按照会计制度的规定允许计入采购成本，可以按以下情况进行区别处理。

一种情况是，费用发票与货物发票一起报账时，即采购运费发票同到业务。可利用手工结算功能对采购入库单和货物发票及运费发票一起结算。采购结算时，需要将采购发票、运费发票和采购入库单一起结算，在生成凭证时，需要将采购发票与运费发票合并制单，将运费计入采购成本中。

另外一种情况是，费用发票滞后报账，即采购运费后到业务。采购运费发票与采购入库单通过"费用折扣结算"命令进行结算，然后在核算中进行暂估处理，系统会自动生成一张入库调整单，将运费计入采购成本中。

工作步骤

以采购会计王宏的身份登录信息门户。输入或选择如下信息：操作员"LX04"；账套"666鲁星纺织"账套；会计年度"2023"；日期"2023-01-31"。

一、运费发票同到业务

1. 在采购模块填制采购入库单

执行"采购→采购入库单"命令，填制采购入库单。

2. 在采购模块填制、复核采购专用发票

执行"采购→采购发票"命令，填制并复核采购专用发票。

3. 在采购模块填制、现付、复核运费专用发票

执行"采购→采购发票"命令，填制采购运费专用发票，单击"现付"按钮，对运费发票现付，如图3-45所示。单击"复核"按钮，对运费发票进行复核。

图3-45　采购运费发票

4.在采购模块将采购发票、运费发票与采购入库单进行采购结算

执行"采购→采购结算→手工结算"命令，选择采购发票、运费发票与相应的入库单进行结算，单击"确定"按钮。选择费用分摊方式"按数量"，如图3-46所示，单击"分摊"按钮，再单击"结算"按钮。

图3-46 费用分摊与结算

5.在库存模块审核采购入库单

执行"库存→采购入库单审核"命令，审核该采购入库单。

6.在核算模块对采购发票制单（发票制单）

执行"核算→凭证→供应商往来制单"命令，选择"发票制单"，生成采购发票凭证，如图3-47所示。

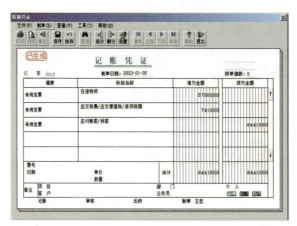

图3-47 采购发票凭证

7.在核算模块对运费发票制单（现结制单）

执行"核算→凭证→供应商往来制单"命令，选择"现结制单"，生成运费发票凭证，如图3-48所示。

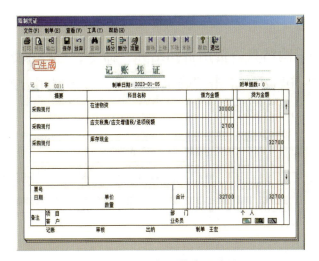

图3-48　采购运费发票凭证

8.在核算模块对采购入库单记账

执行"核算→核算→正常单据记账"命令，对该采购入库单记账。

9.在核算模块对采购入库单制单

执行"核算→凭证→购销单据制单"命令，在查询条件窗口，选择"采购入库单（报销记账）"条件，借方金额为"46 200"的会计科目编码修改为"140302"，生成采购入库单凭证，如图3-49所示。

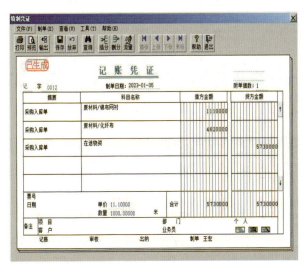

图3-49　生成采购入库单凭证

二、运费发票后到业务

1.在采购模块填制、复核运费专用发票

执行"采购→采购发票"命令，填制运费专用发票，单击"复核"按钮，对运费发票进行复核。

2. 在采购模块将采购运费发票与采购入库单进行采购结算

（1）执行"采购→采购结算→费用折扣结算"命令，选择采购入库单与相应的采购运费发票进行结算，如图3-50所示，单击"确定"按钮。选择费用分摊方式"按金额"，单击"分摊"按钮，再单击"结算"按钮。

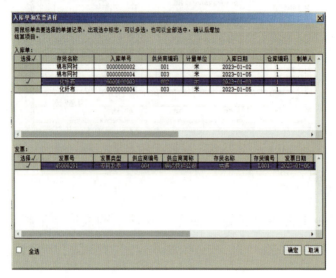

图3-50 选择采购入库单与运费发票

（2）执行"核算→核算→暂估入库成本处理"命令，选择结算单，单击"暂估"按钮，自动生成入库调整单（在核算模块可以查看），如图3-51和图3-52所示。

图3-51 暂估结算表

图3-52 查看入库调整单

3. 在核算模块对采购运费发票制单（发票制单）

执行"核算→凭证→供应商往来制单"命令，选择"发票制单"，生成采购运费发票凭证，如图3-53所示。

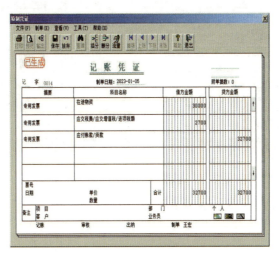

图3-53 生成采购运费发票凭证

4. 在核算模块对入库调整单制单

（1）执行"核算→凭证→购销单据制单"命令，在"查询条件"窗口选择"入库调整单"，如图3-54所示。

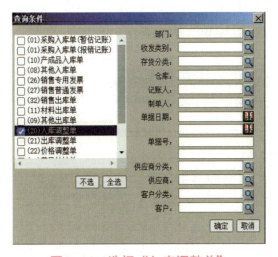

图3-54 选择"入库调整单"

（2）打开"生成凭证"窗口，将借方科目编码修改为"140302"，生成入库调整单凭证，如图3-55和图3-56所示。

图3-55 入库调整单凭证设置

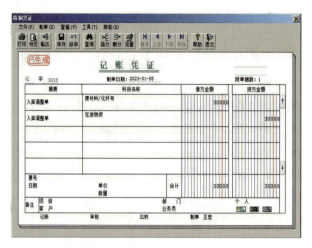

图3-56　生成入库调整单凭证

工作任务4.2　采购折扣业务处理

任务情境

鲁星纺织公司采购业务全面进入业财一体化的软件平台运行，企业发生如下采购业务，按照操作员的职能权限在T3软件中完成相应的业务处理。具体工作任务如下：

2023年1月9日，从欣欣棉纺有限公司购入化纤布2 000米，单价25元。收到从欣欣棉纺有限公司采购化纤布的增值税专用发票一张，材料验收入库，货款尚未支付。其中，付款条件2/10，1/20，n/30，如图3-57~图3-59所示。

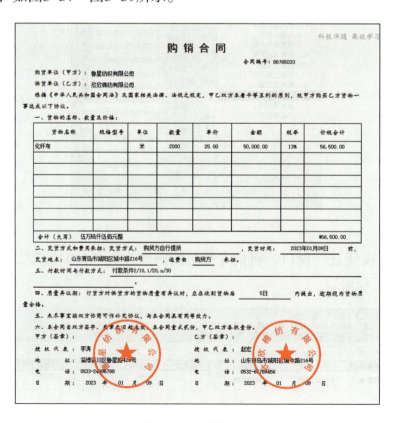

图3-57　采购合同

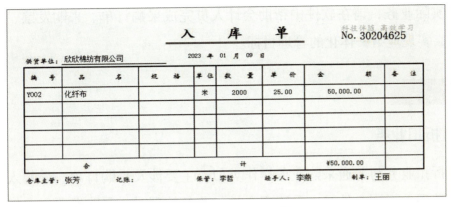

图3-58　采购入库单

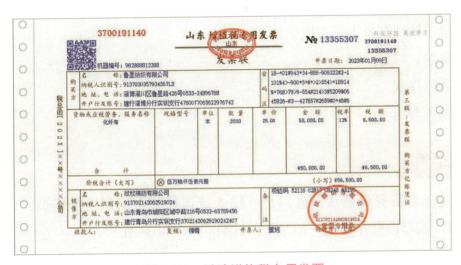

图3-59　采购增值税专用发票

2023年1月12日，开出一张转账支票，金额为60 000元，支付上述采购货款，其余作为预付款，如图3-60所示。

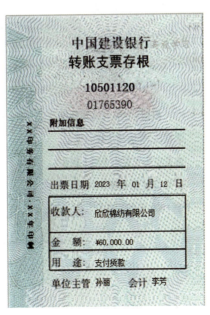

图3-60　转账支票存根

根据公司实际业务，请在软件中帮助会计人员完成采购订单、采购发票、入库单及付款单等业务处理，实现业财一体化的管理目标。

知识链接

采购现金折扣业务

采购现金折扣业务与普通采购业务操作类似。主要涉及采购订单、采购入库单、采购发票及付款单的处理。不同之处是：采购现金折扣业务处理时，采购发票应选择付款条件（现金折扣条件）；采购付款单与采购发票核销时，填写"本次折扣"金额。最后，在核算模块供应商往来制单（核销制单），生成记账凭证：

借：应付账款

　　贷：银行存款

　　　　财务费用

工作步骤

以采购会计王宏的身份登录信息门户。输入或选择如下信息：操作员"LX04"；账套"666鲁星纺织"账套；会计年度"2023"；日期"2023-01-31"。

一、采购现金折扣业务

1.在采购模块填制采购订单

执行"采购→采购订单"命令，填制并审核采购订单（在采购订单中选择付款条件"2/10，1/20，n/30"），如图3-61所示。

2.在采购模块填制采购入库单

执行"采购→采购入库单"命令，填制或流转生成采购入库单。

3.在采购模块填制、复核采购专用发票

执行"采购→采购发票"命令，填制采购专用发票（在采购发票中选择付款条件"2/10，1/20，n/30"），单击"复核"按钮，如图3-62所示。

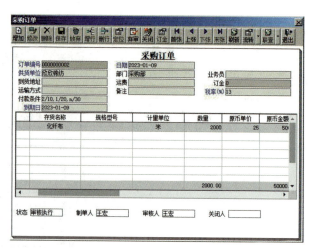

图3-61 填制并审核采购订单

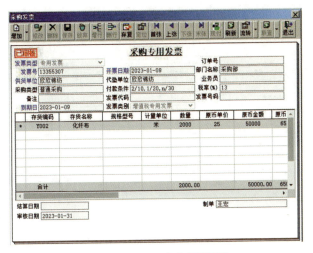

图3-62　采购专用发票

4. 在采购模块将采购入库单和采购发票进行采购结算

执行"采购→采购结算→手工结算"命令，将采购发票与相应的采购入库单进行结算。

5. 在库存模块审核采购入库单

执行"库存→采购入库单审核"命令，审核该采购入库单。

6. 在核算模块对采购发票制单（发票制单）

执行"核算→凭证→供应商往来制单"命令，选择"发票制单"，生成采购发票凭证，如图3-63所示。

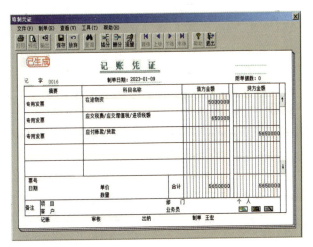

图3-63　生成采购发票凭证

7. 在核算模块对采购入库单记账

执行"核算→核算→正常单据记账"命令，对该采购入库单记账。

8. 在核算模块对采购入库单制单

执行"核算→凭证→购销单据制单"命令，生成采购入库单凭证，如图3-64所示。

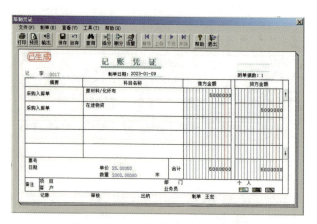

图3-64 生成采购入库单凭证

9.在采购模块填制付款单并与应付款进行核销

执行"采购→供应商往来→付款结算"命令，进入"付款单"窗口。选择供应商"欣欣棉纺"，单击"增加"按钮，输入或选择表头数据，日期"2023-01-12"，结算方式"转账支票"，金额"60 000"，票据号"01765390"，单击"保存"按钮。单击"核销"按钮，对"2023-01-08"的单据进行核销，输入本次折扣金额"1 130"，本次结算金额"55 370"，如图3-65所示。单击"保存"按钮。

图3-65 核销付款单

10.在核算模块对付款单制单（核销制单）

执行"核算→凭证→供应商往来制单"命令，选择"核销制单"，单击"确定"按钮。单击选择要制单的付款单，日期为"2023-01-12"，单击"制单"按钮，生成付款单凭证，如图3-66所示，检查无误后，单击"保存"按钮。

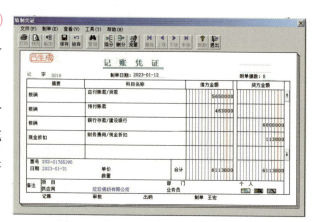

图3-66 生成付款单凭证

工作任务4.3　采购损耗业务处理

任务情境

鲁星纺织公司采购业务全面进入业财一体化的软件平台运行，企业发生如下采购业务，按照操作员的职能权限在T3软件中完成相应的业务处理。具体工作任务如下：

1. 采购合理损耗业务处理

2023年1月9日，从鲁顺轻纺有限公司采购的棉布网衬2 000米，实际验收入库1 990米，10米为运输途中的合理损耗，如图3-67所示。

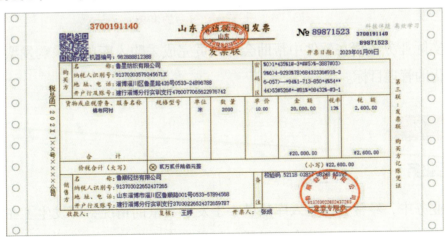

图3-67　采购入库单

同时，收到从鲁顺轻纺有限公司采购棉布网衬的增值税专用发票一张，数量2 000米，单价10元，增值税税率13%，如图3-68所示。

图3-68　采购增值税专用发票

2. 采购非合理损耗业务处理

2023年1月10日，从欣欣棉纺有限公司购入化纤布2 000米，实际验收入库1 990米，10米为非合理损耗，如图3-69所示。

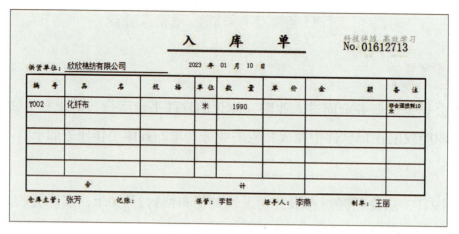

图3-69　采购入库单

同时，收到从欣欣棉纺有限公司采购化纤布的增值税专用发票一张，数量2 000米，单价25元，增值税税率13%，如图3-70所示。

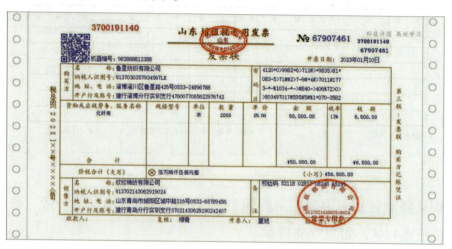

图3-70　采购增值税专用发票

根据公司实际业务，请在软件中帮助会计人员完成采购入库单和采购发票等业务处理，实现业财一体化的管理目标。

知识链接

采购损耗业务

实际采购业务中，经常会发生入库数量小于发票数量的情况，即发生了在途损耗。对于这种损耗，一般分为合理损耗和非合理损耗。如果是合理损耗，可直接计入采购成本，进项税额不得转出。如果是非合理损耗，可以在"待处理财产损溢"账户中核算，查明原因后分别按情况处理。

1.采购合理损耗业务

采购发票与采购入库单进行手工结算。因为相差的存货被确认为合理损耗，系统会把总的存货采购成本（发票金额）分摊到未损耗的存货成本中。采购结算后，采购入库单上的单价会提高。

2.采购非合理损耗业务

采购发票与采购入库单进行手工结算。手工结算时，需要录入非合理损耗数量、非合理损耗总金额、进项税转出金额。非合理损耗导致的损耗金额和增值税进项税额都需要转出，所以，结算后采购入库的单价不变。采购入库单正常单据记账后，在购销单据制单中，选择"已结算采购入库单自动选择全部结算单上单据（包括入库单、发票、付款单），非本月采购入库单按蓝字报销单制单"选项，生成相关的凭证即可；也可以通过供应商往来制单和购销单据制单生成相应的凭证，另外，还需要在总账中填制相关凭证，将损耗的物资计入"待处理财产损溢"账户。

工作步骤

以采购会计王宏的身份登录信息门户。输入或选择如下信息：操作员"LX04"；账套"666鲁星纺织"账套；会计年度"2023"；日期"2023-01-31"。

一、采购合理损耗业务

1.在采购模块填制采购入库单

执行"采购→采购入库单"命令，填制采购入库单，其中，数量应填写"1 990"，如图3-71所示。

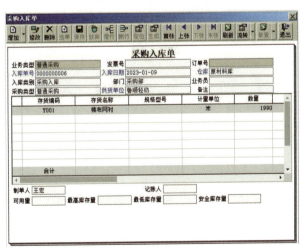

图3-71 填制采购入库单

2.在采购模块填制、复核采购专用发票

执行"采购→采购发票"命令，填制采购专用发票，其中数量应填写"2 000"，单击"复核"按钮，审核该增值税专用发票，如图3-72所示。

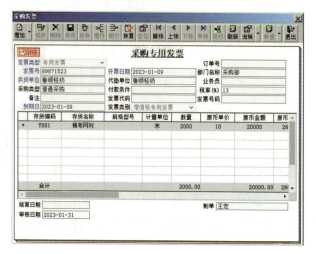

图3-72　填制复核采购发票

3.在采购模块将采购入库单和采购发票进行采购结算

执行"采购→采购结算→手工结算"命令，在"手工结算"窗口，填写合理损耗数量"10"，将采购发票与相应的采购入库单进行结算，如图3-73所示。

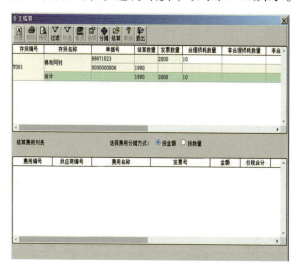

图3-73　采购发票与相应的采购入库单进行结算

4.在库存模块审核采购入库单

执行"库存→采购入库单审核"命令，审核该采购入库单，如图3-74所示。

图3-74 审核采购入库单

5.在核算模块对采购发票制单（发票制单）

执行"核算→凭证→供应商往来制单"命令，选择"发票制单"，生成采购发票凭证，如图3-75所示。

图3-75 生成采购发票凭证

6.在核算模块对采购入库单记账

执行"核算→核算→正常单据记账"命令，对该采购入库单记账。

7.在核算模块对采购入库单制单

执行"核算→凭证→购销单据制单"命令，生成采购入库单凭证，如图3-76所示。

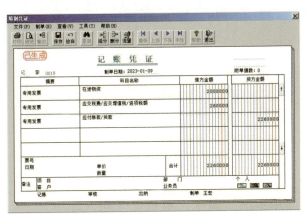

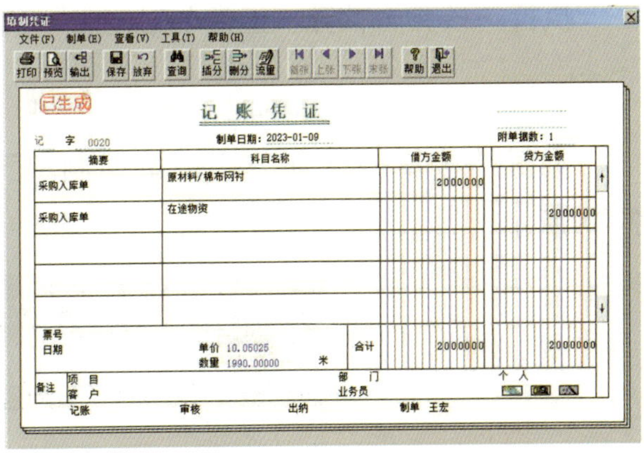

图3-76 生成采购入库单凭证

二、采购非合理损耗业务

1.在采购模块填制采购入库单

执行"采购→采购入库单"命令，填制采购入库单，其中数量应填写"1 990"。

2. 在采购模块填制、复核采购专用发票

执行“采购→采购发票”命令，填制采购专用发票，其中，数量应填写“2 000”，单击“复核”按钮，审核该增值税专用发票。

3. 在采购模块将采购入库单和采购发票进行采购结算

执行“采购→采购结算→手工结算”命令，在“手工结算”窗口，填写非合理损耗数量“10”，非合理损耗金额“250”，将采购发票与相应的采购入库单进行结算，如图3-77所示。

单据号
结算数量
发票数量
合理损耗数量
非合理损耗数量
非合理损耗金额
67907461
0000000007
1990
2000
10
250
结算费用列表
选择费用分摊方式：
按金额
按数量
费用编号
供应商编号
费用名称
发票号
金额
价税合计

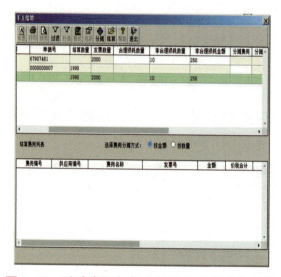

图3-77　采购发票与相应采购入库单进行结算

4. 在库存模块审核采购入库单

执行“库存→采购入库单审核”命令，审核该采购入库单。

5. 在核算模块对采购入库单记账

执行“核算→核算→正常单据记账”命令，对该采购入库单记账。

6. 在核算模块对采购结算单制单

执行“核算→凭证→购销单据制单”命令，生成采购结算单凭证，如图3-78和图3-79所示。

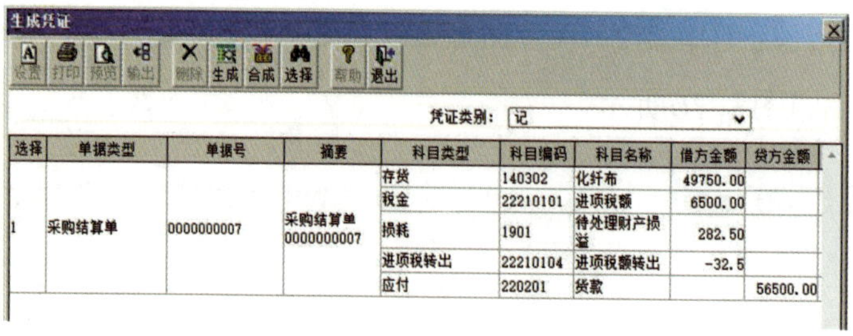

生成凭证
凭证类别：
记
选择
单据类型
单据号
摘要
科目类型
科目编码
科目名称
借方金额
贷方金额
1
采购结算单
0000000007
采购结算单0000000007
存货
140302
化纤布
49750.00
税金
22210101
进项税额
6500.00
损耗
1901
待处理财产损溢
282.50
进项税转出
22210104
进项税额转出
-32.5
应付
220201
货款
56500.00

图3-78　采购结算单凭证设置

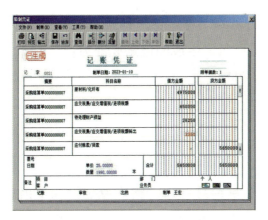

图3-79　生成采购结算单凭证

工作任务 4.4　上月在途本月入库业务处理

任务情境

鲁星纺织公司采购业务全面进入业财一体化的软件平台运行，企业发生如下采购业务，按照操作员的职能权限在T3软件中完成相应的业务处理。具体工作任务如下：

2023年1月12日，上月从欣欣棉纺有限公司购入棉布网衬5 000米，本月验收入库，如图3-80所示。

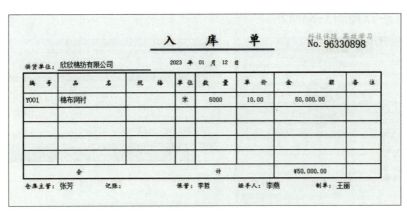

图3-80　采购入库单

根据公司实际业务，请在软件中帮助会计人员完成本月采购入库单和上月采购发票等业务处理，实现业财一体化的管理目标。

知识链接

上月在途本月入库业务

上月在途本月入库业务是指上月已经收到采购发票，但存货尚未收到，本月存货验收入库。本月为了核算企业的库存成本，需要将本月的入库单和上月的采购发票进行结算，形成入库凭证。对于上月在途本月入库业务，要注意的是，在本月采购结算时，需要对本月的入库单和上月的采购发票进行采购结算。在核算模块对采购入库单制单（选择"购销单据制单—采购入库单（报销记账）"），生成的记账凭证为：

借：原材料

　　贷：在途物资

工作步骤

以采购会计王宏的身份登录信息门户。输入或选择如下信息：操作员"LX04"；账套"666鲁星纺织"账套；会计年度"2023"；日期"2023-01-31"。

一、上月在途本月入库业务

1.在采购模块填制采购入库单

执行"采购→采购入库单"命令，填制采购入库单。

2.在采购模块将采购入库单和期初采购发票进行采购结算

执行"采购→采购结算→手工结算"命令，在"手工结算—条件输入"窗口中，过滤日期更改为"2022-01-01至2023-01-31"，如图3-81所示。将采购入库单和相应的期初采购发票进行结算，如图3-82和图3-83所示。

图3-81　"条件输入"窗口

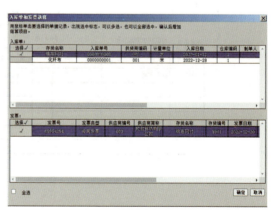

图3-82　选择采购入库单和采购发票

图3-83　采购结算

3.在库存模块审核采购入库单

执行"库存→采购入库单审核"命令，审核该采购入库单。

4.在核算模块对采购入库单记账

执行"核算→核算→正常单据记账"命令，对该采购入库单记账。

5.在核算模块对采购入库单制单

执行"核算→凭证→购销单据制单"命令，生成采购入库单凭证，如图3-84所示。

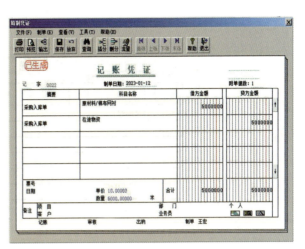

图3-84　采购入库单凭证

工作任务 4.5　采购退货业务处理

任务情境

鲁星纺织公司采购业务全面进入业财一体化的软件平台运行，企业发生如下采购业务，按照操作员的职能权限在T3软件中完成相应的业务处理。具体工作任务如下：

1.采购结算前退货业务处理

2023年1月21日，从鲁顺轻纺有限公司采购的棉布网衬3 000米，单价15元，已验收入库，如图3-85所示。

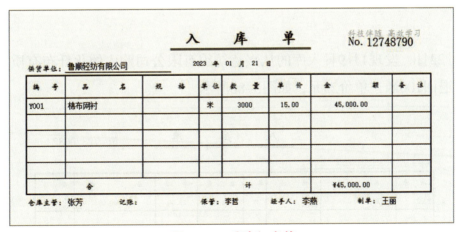

图3-85　采购入库单

当日仓库反映100米因质量问题要求退货，对方同意退货，如图3-86所示。

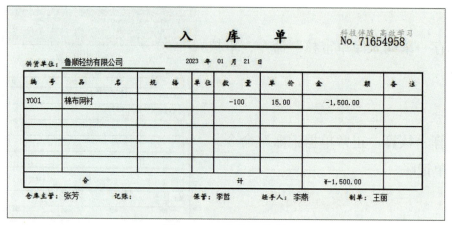

图3-86　采购退货单

当日，收到鲁顺轻纺公司开具的专用发票，货款未支付，如图3-87所示。

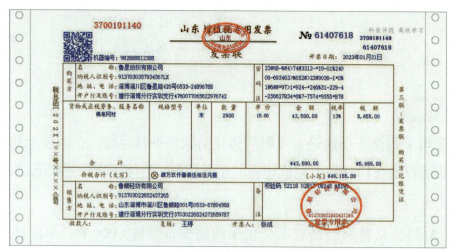

图3-87　采购增值税专用发票

2.采购结算后退货业务处理

2023年1月22日，发现1月9日入库的从兴达纺织有限公司购入的化纤布有质量问题，经协商，对方同意退回100米，单价25元，如图3-88所示。

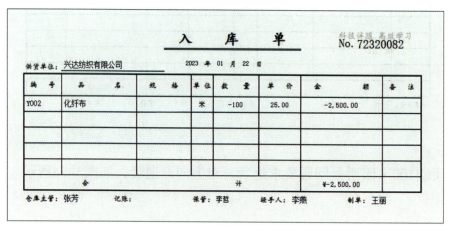

图3-88　采购退货单

同时，收到兴达纺织有限公司开具的红字专用发票，用现金退回货款，如图3–89所示。

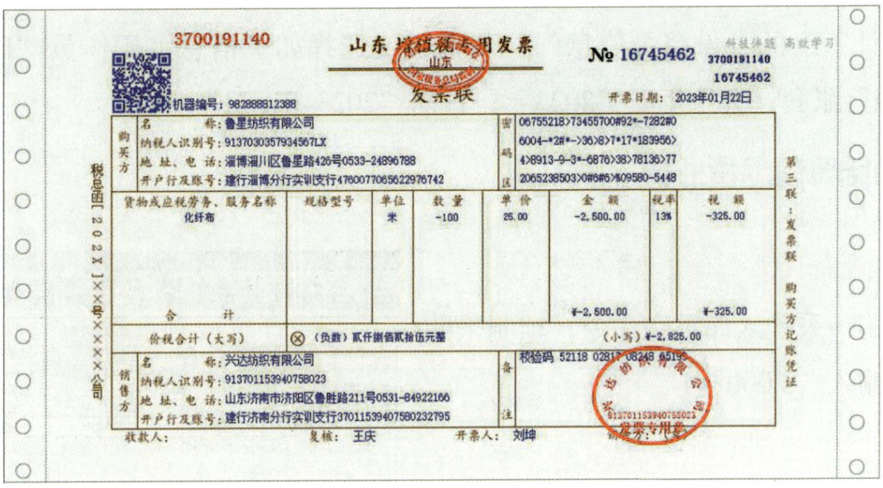

3700191140　山东增值税专用发票　№ 16745462　3700191140　16745462

发票联

机器编号：982888812388　开票日期：2023年01月22日

购买方　名　　称：鲁星纺织有限公司
纳税人识别号：9137030357934567LX
地 址、电 话：淄博淄川区鲁星路426号0533-24896788
开户行及账号：建行淄博分行实训支行4760077065622976742

密码区　06755218>73455700#92*-7282#0
6004-*2#*->36>8>7*17*183956>
4>8913-9-3*-6876>38>78136>77
2065238503>0#6#6>%09580-5448

货物或应税劳务、服务名称	规格型号	单位	数量	单价	金额	税率	税额
化纤布		米	-100	25.00	-2,500.00	13%	-325.00
合　　计					¥-2,500.00		¥-325.00
价税合计（大写）	⊗（负数）贰仟捌佰贰拾伍元整				（小写）¥-2,825.00		

销售方　名　　称：兴达纺织有限公司
纳税人识别号：913701153940758023
地 址、电 话：山东济南市济阳区鲁胜路211号0531-84922166
开户行及账号：建行济南分行实训支行37011539407580232795

备注　校验码 52118 02817 08248 6519

收款人：　复核：王庆　开票人：刘坤　销售方：（章）

第三联：发票联　购买方记账凭证

图3–89　采购增值税专用发票

根据公司实际业务，请在软件中帮助会计人员完成采购发票、入库单及采购运费发票等业务处理，实现业财一体化的管理目标。

知识链接

企业在采购业务活动中，如果发现已入库的货物因质量等原因要求退货，需要进行采购退货处理。要根据对方提供的发票数量与实际可以入库的数量进行核对，确保金额无误，进行处理时，需要按照采购是否进行结算分别处理。

一、货已收到，未办理入库手续

如果尚未录入入库单，只需把货退还给供应商即可，软件中不用做任何处理。

二、根据入库单与采购发票是否采购结算进行不同的处理

1.如果已经录入采购入库单，并且退货时已经收到采购发票，采购入库单与采购发票尚未进行采购结算，则需要根据退货数量录入红字采购入库单，并录入采购发票，其中，发票上的数量=原入库单数量–红字入库单数量，在结算时，只能使用手工结算方式将红字采购入库单与原采购入库单、采购发票进行采购结算，以冲抵原入库数量。

2.如果采购入库单、采购发票已经录入并进行采购结算，则需要根据退货数量录入红字采购入库单与红字采购发票，并将红字采购入库单与红字采购发票进行采购结算。

工作步骤

以采购会计王宏的身份登录信息门户。输入或选择如下信息：操作员"LX04"；账套"666鲁星纺织"账套；会计年度"2023"；日期"2023-01-31"。

一、采购结算前退货业务

1.在采购模块填制采购入库单

执行"采购→采购入库单"命令，填制采购入库单，数量输入"3 000"。

2.在采购模块填制采购入库单（红字）

执行"采购→采购入库单"命令，单击"增加"按钮下拉箭头，选择"采购入库单（红字）"，填制红字采购入库单，数量输入"-100"，如图3-90所示。

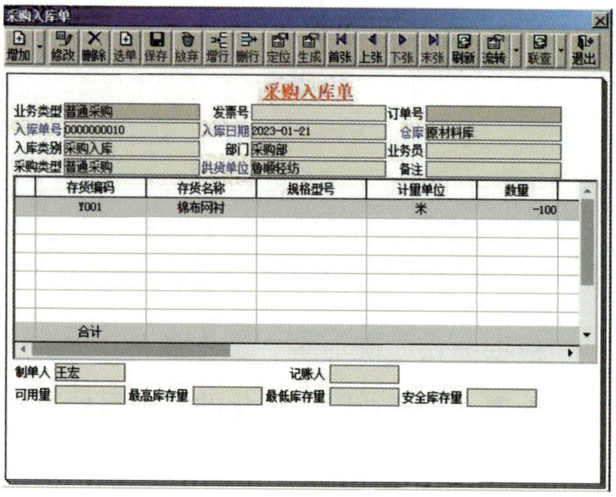

3.在采购模块填制、复核采购专用发票

执行"采购→采购发票"命令，填制并复核采购专用发票，其中，数量输入"2 900"，单价输入"15"。

图3-90　填制红字采购入库单

4.在采购模块将采购发票、采购入库单进行采购结算

执行"采购→采购结算→手工结算"命令，选择采购发票、相应的采购入库单和红字采购入库单进行结算，如图3-91所示。

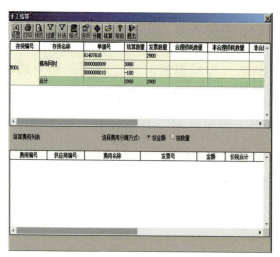

图3-91　选择采购入库单和红字采购入库单进行结算

5.在库存模块审核采购入库单

执行"采购→采购入库单"命令，审核采购入库单和红字采购入库单。

6.在核算模块对采购发票制单（发票制单）

执行"核算→凭证→供应商往来制单"命令，选择"发票制单"，生成采购发票凭证，如图3-92所示。

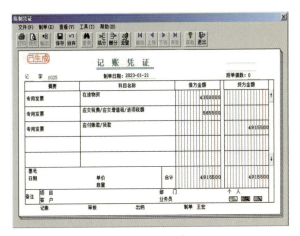

图3-92 生成采购发票凭证

7.在核算模块对采购入库单记账

执行"核算→核算→正常单据记账"命令，对该采购入库单记账。

8.在核算模块对采购入库单制单

执行"核算→凭证→购销单据制单"命令，在查询条件窗口选择"采购入库单（报销记账）"条件，生成采购入库单凭证，如图3-93和图3-94所示。

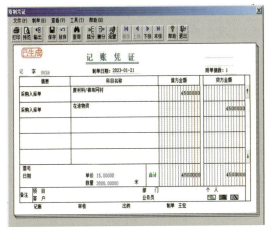

图3-93 生成采购入库单凭证

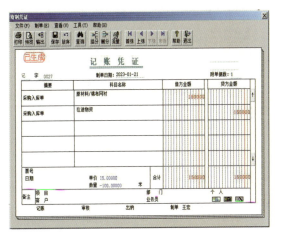

图3-94 生成红字采购入库单凭证

二、采购结算后退货业务

1.在采购模块填制采购入库单（红字）

执行"采购→采购入库单"命令，单击"增加"按钮右侧的下拉箭头，选择"采购入库单（红字）"，填制红字采购入库单，数量输入"-100"。

2. 在采购模块填制、复核采购专用发票

执行"采购→采购发票"命令，单击"增加"按钮右侧的下拉箭头，选择"采购专用发票（红字）"，填制并复核红字采购专用发票。

3. 在采购模块将采购发票（红字）、采购入库单（红字）进行采购结算

执行"采购→采购结算→手工结算"命令，选择红字采购专用发票、红字采购入库单进行结算。

4. 在库存模块审核采购入库单（红字）

执行"采购→采购入库单"命令，审核红字采购入库单。

5. 在核算模块对采购入库单（红字）记账

执行"核算→核算→正常单据记账"命令，对该采购入库单记账。

6. 在核算模块对采购入库单（红字）制单

执行"核算→凭证→购销单据制单"命令，在查询条件窗口选择"采购入库单（报销记账）"条件，生成红字采购入库单凭证，如图3-95所示。

7. 在核算模块对采购发票（红字）制单（发票制单）

执行"核算→凭证→供应商往来制单"命令，选择"发票制单"，生成红字采购发票凭证，如图3-96所示。

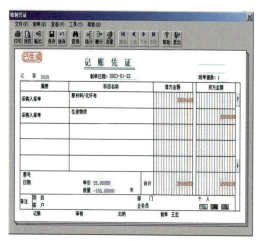

图3-95　生成红字采购入库单凭证

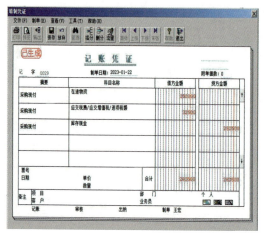

图3-96　生成红字采购发票凭证

工作任务4.6　采购暂估回冲业务处理

任务情境

鲁星纺织公司采购业务全面进入业财一体化的软件平台运行，企业发生如下采购业务，按照操作员的职能权限在T3软件中完成相应的业务处理。具体工作任务如下：

2023年1月26日，收到鲁顺轻纺有限公司开出的上月已验收入库的1 000米化纤布的专用发票一张，无税单价21元，如图3-97所示。

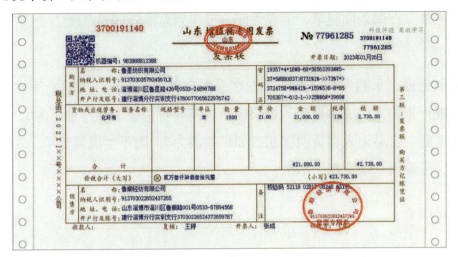

图3-97　采购增值税专用发票

根据公司实际业务，请在软件中帮助会计人员完成采购发票、入库单等业务处理，实现业财一体化的管理目标。

知识链接

暂估回冲业务

暂估回冲业务是指在本期之前存货已经入库，但采购发票尚未收到，存货根据暂估成本已经入账。当本月收到采购发票时，根据采购发票重新确定存货的入库成本。对暂估回冲业务，系统提供了3种不同的处理方法。

1.月初回冲

进入下月后，核算管理模块自动生成与暂估入库单完全相同的红字回冲单，同时登录相应的存货明细账，回冲存货明细账中上月的暂估入库。根据红字回冲单制单，回冲上月的暂估凭证。

本月收到采购发票后，输入采购发票，对期初采购入库单和采购发票做采购结算。结算完毕后，进入核算管理模块，使用暂估入库成本处理功能进行暂估处理后，系统根据发票自动生成一张蓝字回冲单，其中金额为发票上的报销金额。同时，登记存货明细账，使库存增加。根据蓝字回冲单制单，生成采购入库凭证。

2.单到回冲

下月初不做处理，采购发票收到后，先在采购与应付管理模块中输入并进行采购结算，再到核算管理模块中进行暂估入库成本处理，系统自动生成红字回冲单、蓝字回冲单，同时据以登记存货明细账。其中，红字回冲单的入库金额为上月暂估金额，蓝字回冲单的入库金额为发票上的报销金额。在"核算→凭证→购销单据制单"命令中，选择"红字回冲单""蓝字回冲单"查询条件制单，生成凭证，传递到总账管理子系统。

3. 单到补差

下月初不做处理，采购发票收到后，先在采购管理模块中输入并进行采购结算，再到核算管理模块中进行暂估入库成本处理。如果报销金额与暂估金额的差额不为0，则生成调整单一张，用户确定后，自动记入存货明细账；如果差额为0，则不生成调整单。最后对调整单制单，生成凭证，传递到总账管理子系统。

工作步骤

以采购会计王宏的身份登录信息门户。输入或选择如下信息：操作员"LX04"；账套"666鲁星纺织"账套；会计年度"2023"；日期"2023-01-31"。

一、暂估回冲业务

1. 在采购模块填制、复核采购专用发票

执行"采购→采购发票"命令，填制并复核采购专用发票。

2. 在采购模块将采购发票和期初采购入库单进行采购结算

执行"采购→采购结算→手工结算"命令，在"手工结算-条件输入"窗口中，过滤日期更改为"2022-01-01至2023-01-31"，将采购发票与相应的期初采购入库单进行结算。

3. 在核算模块对采购发票制单（发票制单）

执行"核算→凭证→供应商往来制单"命令，选择"发票制单"，生成采购发票凭证，如图3-98所示。

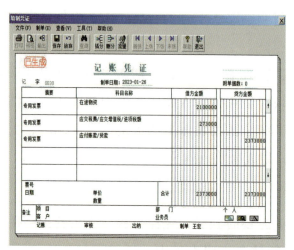

图3-98 生成采购发票凭证

4.在核算模块对上月采购入库单暂估处理

执行"核算→核算→暂估入库成本处理"命令，打开"暂估结算表"对话框，单击选择暂估入库单，单击"暂估"按钮，如图3-99所示。

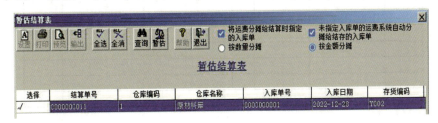

图3-99　暂估结算表

5.在核算模块对红字回冲单制单

执行"核算→凭证→购销单据制单"命令，在"查询条件"窗口选择"红字回冲单"制单，对方科目为"应付账款—暂估应付款"，生成红字回冲单凭证，如图3-100所示。

6.在核算模块对蓝字回冲单制单

执行"核算→凭证→购销单据制单"命令，在"查询条件"窗口选择"蓝字回冲单"制单，生成蓝字回冲单凭证，对方科目为"在途物资"，如图3-101所示。

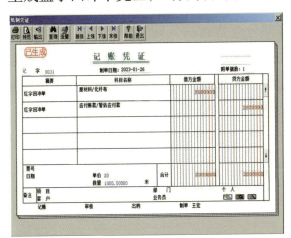

图3-100　红字回冲单制单　　　　　图3-101　蓝字回冲单制单

工作任务4.7　采购暂估业务处理

🔲 **任务情境**

鲁星纺织公司采购业务全面进入业财一体化的软件平台运行，企业发生如下采购业务，按照操作员的职能权限在T3软件中完成相应的业务处理。具体工作任务如下：

2023年1月31日，向欣欣棉纺有限公司购入化纤布1 000米，月末采购发票未收到，确认该批货物的暂估单位成本为25元/米，并验收入库，如图3-102所示。

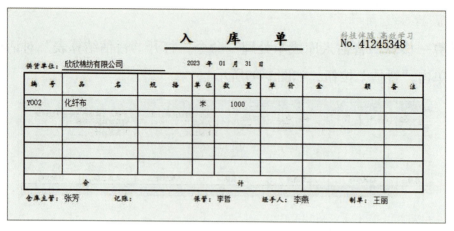

图3-102　采购入库单

根据公司实际业务，请在软件中帮助会计人员完成入库单等业务处理，实现业财一体化的管理目标。

知识链接

暂估入库业务

暂估入库是指本月存货已经入库，但采购发票尚未收到，不能确定存货的入库成本。月底时，为了正确核算企业的库存成本，需要将这部分存货暂估入账，形成暂估凭证。对于暂估入库处理的业务，要注意的是，在月末暂估入库单记账前，要对所有没有结算的入库单填入暂估单价。最后，在核算模块对采购入库单制单〔选择"购销单据制单—采购入库单（暂估记账）"命令〕。

借：原材料

贷：应付账款—暂估应付款

工作步骤

以采购会计王宏的身份登录信息门户。输入或选择如下信息：操作员"LX04"；账套"666鲁星纺织"账套；会计年度"2023"；日期"2023-01-31"。

一、采购暂估业务

1.在采购模块填制采购入库单

执行"采购→采购入库单"命令，填制采购入库单。（注意：在采购入库单中，单价填写"暂估单位成本25"）

2.在库存模块审核采购入库单

执行"库存→采购入库单审核"命令，审核该采购入库单。

3.在核算模块对采购入库单记账

执行"核算→核算→正常单据记账"命令，对该采购入库单记账。

4.在核算模块对采购入库单制单

执行"核算→凭证→购销单据制单"命令，在"查询条件"窗口选择"采购入库单（暂估记账）"条件，如图3-103所示，生成暂估入库凭证，如图3-104所示。

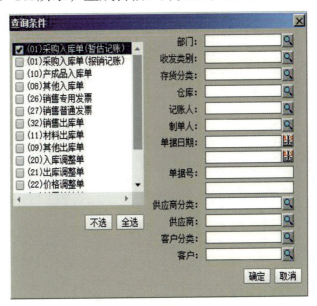

图3-103　选择查询条件

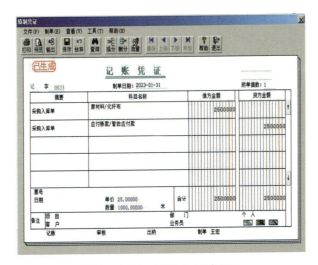

图3-104　暂估入库凭证

工作领域四
销售与应收管理

"销售与应收管理"工作领域主要是对企业经济业务中销售与应收业务进行处理。销售与应收管理系统可以实现对企业销售业务与收款业务的全过程管理,为销售部门和财务部门提供准确的信息。主要工作任务包括普通销售业务处理、收款核销业务处理、转账并账业务处理、特殊销售业务处理等。

1.普通销售业务处理

普通销售业务处理主要是从企业的销售订单入手,对销售发货单、销售发票等单据按销售流程进行处理,整理业务数据,进行财务核算。主要包括普通赊销业务处理和普通现销业务处理。

2.收款核销业务处理

收款核销业务处理主要是实现企业与客户之间资金的结算。主要包括普通收款核销业务、预收款核销业务等。

3.转账并账业务处理

转账并账业务处理主要是企业与几家客户之间的货款的结算。主要包括应收冲应收(并账)业务和预收冲应收(转账)业务等。

4.特殊销售业务处理

特殊销售业务处理主要是除普通销售业务之外的销售业务处理。主要包括销售代垫运费业务处理、销售折扣业务处理、销售开票直接发货业务处理、销售退回业务处理等。

学习目标

【知识目标】

1.了解销售与应收管理子系统的主要功能。

2.了解不同销售业务的区别。

3.熟悉不同类型销售业务的处理流程。

4.掌握主要销售业务的处理。

【技能目标】

1.能够规范、准确地掌握不同类型销售业务的操作处理。

2.能够规范、准确地掌握核销业务和转并账业务的操作处理。

3.培养学生能够根据实际问题独立思考，具备销售业务、收款核销业务以及转并账业务的软件处理能力，胜任基于业财一体化软件中销售与应收管理工作。

【素养目标】

1.培养学生的财经法律意识，提升专业素养及社会责任感。

2.引导学生树立正确的会计价值观，爱岗敬业、诚实守信、服务企业。

【素养小课堂】

案例讨论：某企业女出纳侵占公款逾千万，5年居然无人知晓。从此案例可知：对于企业而言，资金流是非常重要的，企业要重视资金流的运转情况。在会计核算上，会计人员应更加注意应收款、坏账确认和收回的核算。通过失信、违法、违规等财经案例讲解，让学生了解会计人员要立足企业管理，完善的企业现金收付与银行结算工作规范是非常必要的。同时，立足出纳员岗位职业素养，诚信是完成出纳工作的必备素养。培养学生的财经法律意识，提升专业素养及社会责任感，具备发现问题的敏锐性和判断力，提升学生探索性和批判性思维能力；通过对会计难点及特殊事项会计处理方法及实际案例的分析，培养学生解决问题的信心及稳定的心理素质，提升学生实践创新能力；通过对国内上市公司成功的案例及企业会计准则国际趋同的分析，开拓学生的视野，提升形势分析和判断能力，加强民族经济发展的自信心，激发学生的爱国情怀。

工作任务一　普通销售业务处理

任务情境

鲁星纺织有限公司销售业务全面进入业财一体化的软件平台运行，企业发生如下销售业务，请按照操作员的职能权限在T3软件中完成相应的业务处理。具体工作任务如下：

1. 普通赊销业务处理

2023年1月1日，销售部与淄博长江百货公司签订销售合同，预销售衬衣100件，无税单价100元，如图4-1所示。

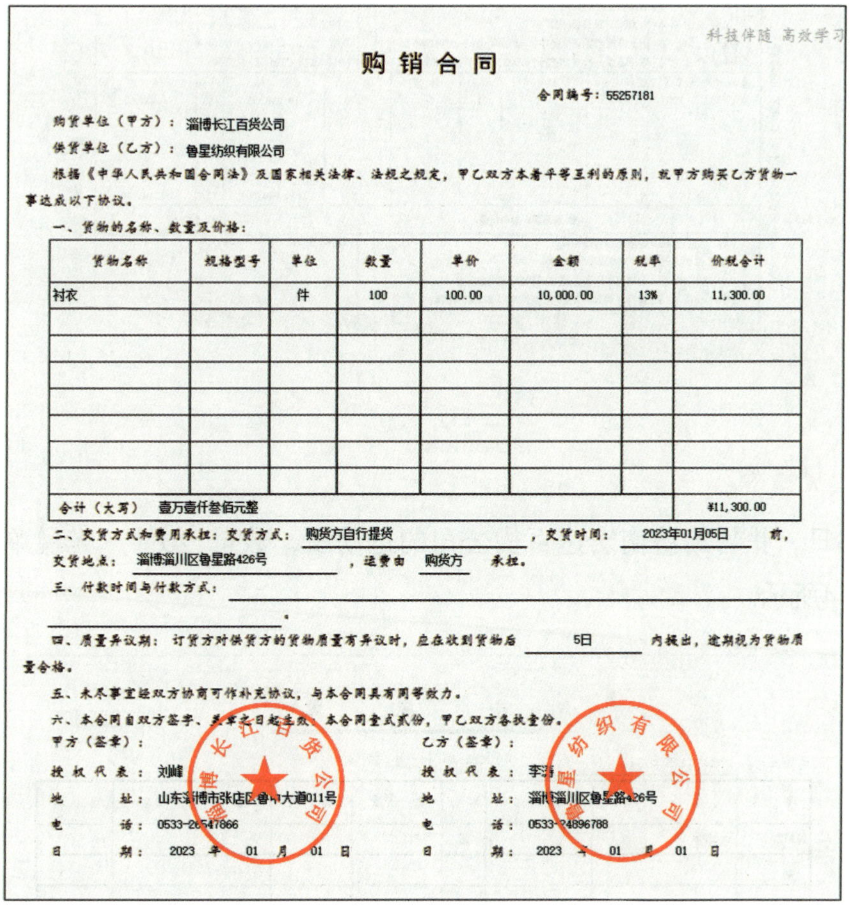

科技伴随 高效学习

购 销 合 同

合同编号：55257181

购货单位（甲方）：淄博长江百货公司

供货单位（乙方）：鲁星纺织有限公司

根据《中华人民共和国合同法》及国家相关法律、法规之规定，甲乙双方本着平等互利的原则，就甲方购买乙方货物一事达成以下协议。

一、货物的名称、数量及价格：

货物名称	规格型号	单位	数量	单价	金额	税率	价税合计
衬衣		件	100	100.00	10,000.00	13%	11,300.00
合计（大写） 壹万壹仟叁佰元整							¥11,300.00

二、交货方式和费用承担：交货方式：购货方自行提货，交货时间：2023年01月05日前，交货地点：淄博淄川区鲁星路426号，运费由购货方承担。

三、付款时间与付款方式：

四、质量异议期：订货方对供货方的货物质量有异议时，应在收到货物后5日内提出，逾期视为货物质量合格。

五、未尽事宜经双方协商可作补充协议，与本合同具有同等效力。

六、本合同自双方签字、盖章之日起生效；本合同壹式贰份，甲乙双方各执壹份。

甲方（签章）：
授权代表：刘峰
地址：山东淄博市张店区鲁中大道011号
电话：0533-26547866
日期：2023年01月01日

乙方（签章）：
授权代表：李涛
地址：淄博淄川区鲁星路426号
电话：0533-24896788
日期：2023年01月01日

图4-1　销售合同

2023年1月1日，销售给淄博长江百货公司的衬衣，数量100件，无税单价100元，货物已发出，如图4-2所示。

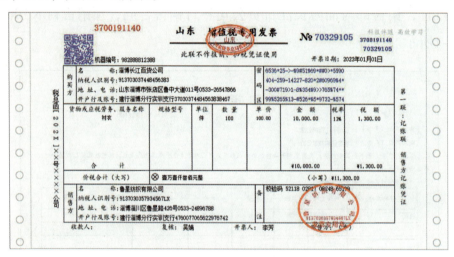

图4-2　销售出库单

同日，向淄博长江百货公司开出销售增值税专用发票一张，数量100件，无税单价100元，增值税税率13%，如图4-3所示。

图4-3　销售增值税专用发票

2.普通现销业务处理

2023年1月3日，销售给济南宏达百货公司的运动服，数量120件，无税单价200元，货物已发出，如图4-4所示。

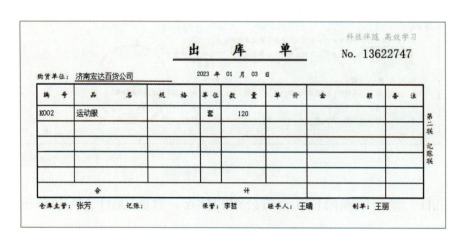

图4-4　销售出库单

2023年1月3日，向济南宏达百货公司开出销售增值税专用发票一张，数量120件，无税单价200元，增值税税率13%，如图4-5所示。

图4-5　销售增值税专用发票

同日，企业收到济南宏达百货公司的电汇结算凭单一张，收到销售运动服货款，如图4-6所示。

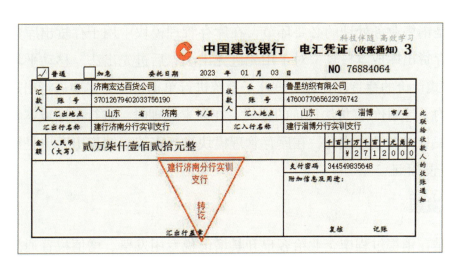

图4-6　电汇结算凭单

根据公司实际业务，请在软件中帮助会计人员完成销售合同、销售发货单、销售出库单和销售发票等单据的处理，实现业财一体化的管理目标。

知识链接

一、销售订单

销售订货是指确认客户的订货需求。它在销售管理子系统中体现为销售订单，其中载明了双方约定的货物明细、数量、价格和发货日期等。企业根据销售订单组织货源，进行发货，并对订单执行情况进行跟踪和管控。

销售订单的处理具体包括录入销售订单、审核销售订单、关闭销售订单、销售订单查询统计等操作。已审核的销售订单可以用于参照生成销售发货单或销售发票。销售订单并非销售业务必须填写的单据，销售订单不生成记账凭证。

二、销售发货单

销售发货是指企业执行与客户签订的销售合同或销售订单，将货物发往客户的行为。销售发货是处理销售业务的必要环节，是销售业务的执行阶段。销售发货单是确认发货的原始单据，不生成记账凭证。

在必有订单销售模式下，销售发货单必须根据审核后的销售订单生成。在非必有销售订单情况下，如果是先发货后开票销售模式，应先由销售部门根据销售订单生成或直接手工填写发货单，然后根据审核后的发货单生成销售发票；如果是开票直接发货销售模式，则销售部门根据销售订单生成或直接填写销售发票并审核后，系统将自动生成销售发货单，生成的发货单只能查询，不能进行编辑操作。

三、销售出库单

销售出库是销售业务处理的必要环节，在库存管理模块中用于存货出库数量核算，在核算模块中用于存货出库成本核算。对于用先进先出法、后进先出法、移动平均法、个别计价法这4种计价方式计价的存货，在存货核算子系统进行单据记账时，要进行出库成本的核算；对于用全月平均、计划价/售价法计价的存货，在期末处理时，进行出库成本核算。销售出库单是根据销售发货单自动生成的，在库存管理模块进行审核。销售出库单是销售业务必填单据，需要生成记账凭证。

四、销售发票

销售开票是在销售过程中企业给客户开具增值税专用发票、增值税普通发票及其所附清单的过程。它是销售业务的重要环节，也是销售收入确定、销售成本计算、应交销售税金确定和应收账款确定的依据。销售发票既可以直接填制，也可以参照销售订单或销售发货单生成。销售发票是销售模块必要的单据，需要生成相应的记账凭证，开具销售发票的同时确立企业的应收款项。

工作步骤

以销售会计周静的身份登录信息门户，输入如下信息：操作员"LX05"，密码"空"，账套"666鲁星纺织"，会计年度"2023"，日期"2023-01-31"。

一、普通赊销业务

1.在销售模块填制并审核销售订单

执行"销售→销售订单"命令，进入"销售订单"窗口。单击"增加"按钮，输入订单日期"2023-01-01"，选择客户名称"淄博长江"，输入税率"13"、到期日"2023-01-31"。选择货物编码"K001"，输入数量"100"、单价"100"，单击"保存"按钮，单击"审核"按钮，如图4-7所示。

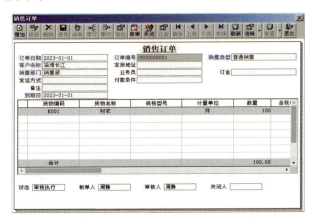

图4-7　销售订单

2.在销售模块填制销售发货单（也可以根据销售订单流转生成）

执行"销售→销售发货单"命令，进入"发货单"窗口。单击"增加"按钮，输入数据：发货日期"2023-01-01"，选择客户名称"淄博长江"、销售部门"销售部"、销售类型"普通销售"。选择仓库"产成品库"、货物名称"衬衣"，输入数量"100"，单击"保存"按钮，单击"审核"按钮，如图4-8所示。

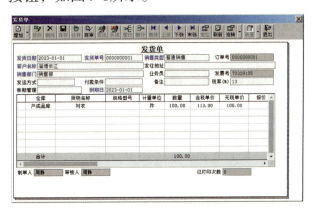

图4-8　填制销售发货单

3.在销售模块填制、复核销售专用发票

执行"销售→销售发票"命令，进入"销售发票"窗口。单击"增加"按钮右侧的下拉箭头，选择"专用发票"，填写相应的信息，检查无误后，单击"保存"按钮，单击"复核"按钮，如图4-9所示。

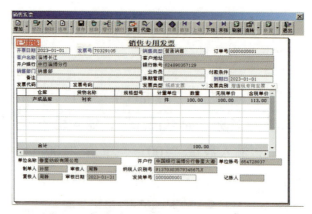

图4-9 填制销售发票

4.在库存模块审核销售出库单

执行"库存→销售出库单生成/审核"命令，打开"销售出库单"对话框。选择销售对应的出库单，单击"复核"按钮，如图4-10所示。

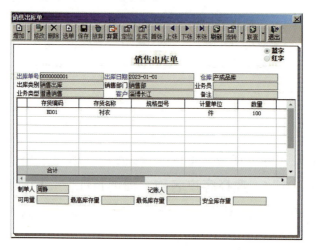

图4-10 审核销售出库单

5.在核算模块对销售发票制单（发票制单）

执行"核算→凭证→客户往来制单"命令，选择"发票制单"，生成销售发票凭证，如图4-11所示。

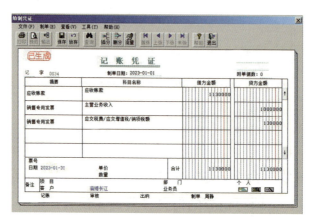

图4-11 生成销售发票凭证

6.在核算模块对销售出库单记账

执行"核算→核算→正常单据记账"命令，打开"正常单据记账条件"对话框。单击"确定"按钮，进入"正常单据记账"窗口。单击选择要记账的单据，如图4-12所示。单击"记账"按钮，对该销售出库单记账，记账完毕后，单击"确定"按钮。

图4-12 正常单据记账

7.在核算模块对销售出库单制单

（1）执行"核算→凭证→购销单据制单"命令，选择"销售出库单"，如图4-13所示。

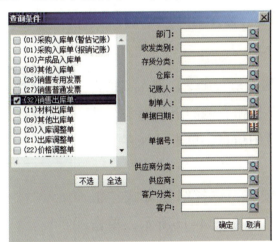

图4-13 选择"销售出库单"

（2）单击"确定"按钮，进入"生成凭证"窗口，如图4-14所示。

图4-14 "生成凭证"窗口

（3）单击"生成"按钮，进入"填制凭证"窗口，生成销售出库单凭证，修改制单日期为"2023-01-01"，单击"保存"按钮，如图4-15所示。

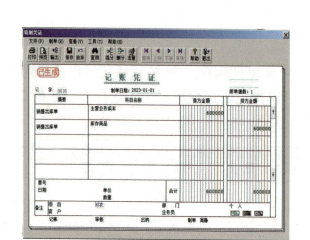

图4-15　生成销售出库单凭证

二、普通现销业务

1.在销售模块填制销售发货单

执行"销售→销售发货单"命令，填制并审核销售发货单。

2.在销售模块填制、现结、复核销售专用发票

（1）执行"销售→销售发票"命令，进入"销售发票"窗口，单击"增加"按钮右侧的下拉箭头，选择"专用发票"。填写相应的信息，单击"保存"按钮。

（2）单击"现结"按钮，选择结算方式"汇兑"，结算金额"27 120"，如图4-16所示，单击"确定"按钮。

（3）单击"复核"按钮，审核该增值税销售专用发票，如图4-17所示。

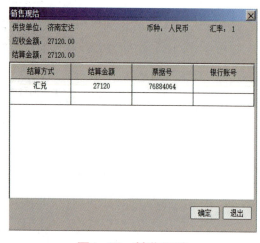

图4-16　销售现结

图4-17　审核增值税销售专用发票

3.在库存模块审核销售出库单

执行"库存→销售出库单生成/审核"命令，打开"销售出库单"对话框。选择销售对应的出库单，单击"复核"按钮。

4.在核算模块对销售发票制单（现结制单）

执行"核算→凭证→客户往来制单"命令，选择"现结制单"，生成销售发票凭证，如图4-18和图4-19所示。

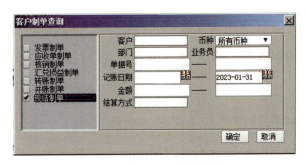

图4-18　选择"现结制单"

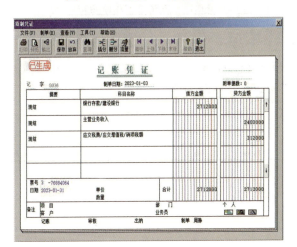

图4-19　生成销售发票凭证

5.在核算模块对销售出库单记账

执行"核算→核算→正常单据记账"命令，对该销售出库单记账。

6.在核算模块对销售出库单制单

执行"核算→凭证→购销单据制单"命令，选择"销售出库单"，单击"确定"按钮，进入"生成凭证"窗口，单击"生成"按钮，进入"填制凭证"窗口，生成销售出库单凭证，单击"保存"按钮，如图4-20所示。

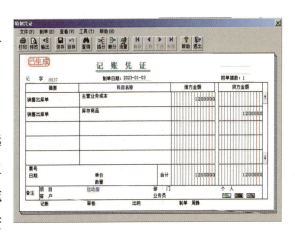

图4-20　生成销售出库单凭证

工作任务二　收款核销业务处理

任务情境

鲁星纺织有限公司销售业务全面进入业财一体化的软件平台运行，现在企业发生如下收款核销业务，请按照操作员的职能权限在T3软件中完成相应的业务处理。具体工作任务如下：

1.收款核销业务处理

2023年1月4日，收到中国建设银行进账单（收账通知），金额11 300元，核销1月1日与淄博长江百货公司的货款11 300元，如图4-21所示。

图4-21　进账单

2.预收款核销业务处理

2023年1月6日，收到淄博长江百货公司电汇凭证，是淄博长江百货公司预付的货款3 000元，款项存入银行，如图4-22所示。

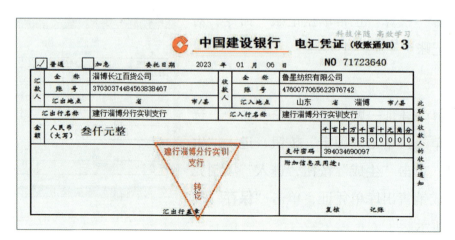

图4-22　电汇凭证

根据公司实际业务，请帮助会计人员在软件中完成收款核销、预收款核销等业务处理，实现业财一体化的管理目标。

知识链接

收款单处理

收款单用来记录企业收到的款项，当企业收到每一笔款项时，应核对该款项是客户结算所欠货款还是预收的销售订金。如果该款项是客户结算所欠货款，应进行核销操作；如果是预收的销售订金，则需要进行预收操作。

核销是指用户日常进行的核销应收款的工作。单据核销的作用是解决收回客户款项，核销该客户应收款的处理，建立收款与应收款的核销记录，以达到监督应收款及时核销，加强往来款项的管理的目的。

工作步骤

以销售会计周静的身份登录信息门户。输入或选择如下信息：操作员"LX05"；账套"666鲁星纺织"账套；会计年度"2023"；日期"2023-01-31"。

一、收款核销业务

1.在销售模块填制收款单并与应收款进行核销

（1）执行"销售→客户往来→收款结算"命令，进入"收款单录入"窗口。

（2）选择客户"003淄博长江百货公司"，单击"增加"按钮，输入或选择表头数据，日期"2023-01-04"，结算方式"转账支票"，金额"11 300"，票据号"45366741"，单击"保存"按钮，如图4-23所示。

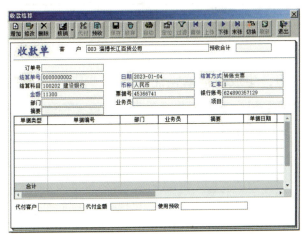

图4-23　填制收款单

（3）单击"核销"按钮，对单据日期为"2023-01-01"的单据进行核销，输入本次结算金额"11 300"，如图4-24所示。单击"保存"按钮。

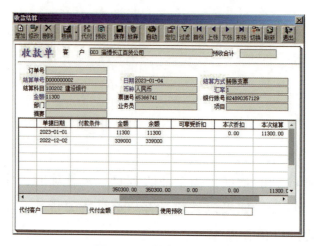

图4-24 核销收款单

2.在核算模块对收款单制单（核销制单）

（1）执行"核算→凭证→客户往来制单"命令，选择"核销制单"，如图4-25所示，单击"确定"按钮。

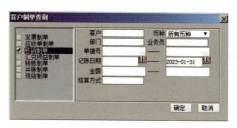

图4-25 选择"核销制单"

（2）单击选择要制单的收款单，日期为"2023-01-04"，如图4-26所示。

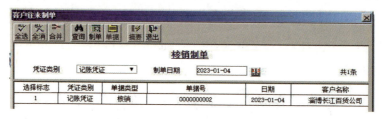

图4-26 选择收款单

（3）单击"制单"按钮，生成收款单凭证，单击"保存"按钮，如图4-27所示。

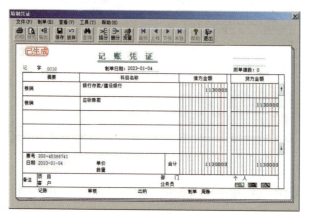

图4-27 生成收款单凭证

二、预收款业务

1.在销售模块填制收款单并与应收款进行核销

执行"销售→客户往来→收款结算"命令，打开"收款结算"窗口，填写收款单，如图4-28所示。单击"预收"按钮，进行预收处理。

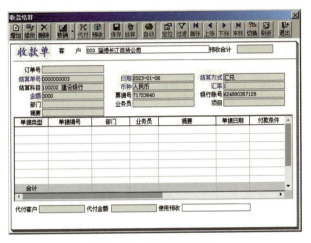

图4-28　填制收款单

2.在核算模块对收款单制单（核销制单）

执行"核算→凭证→客户往来制单"命令，选择"核销制单"，单击"确定"按钮。单击选择要制单的收款单，单击"制单"按钮，生成收款单凭证，检查无误后，单击"保存"按钮，如图4-29所示。

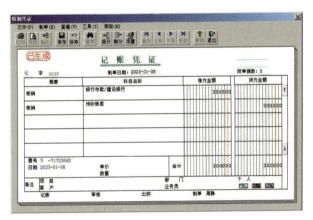

图4-29　生成收款单凭证

工作任务三　转账并账业务处理

任务情境

鲁星纺织有限公司销售业务全面进入业财一体化的软件平台运行，企业现发生如下并账与转账业务，请按照操作员的职能权限在T3软件中完成相应的业务处理。具体工作任务如下：

1.预收冲应收转账业务处理

2023年1月8日，使用上月预收淄博长江百货公司的货款，抵收上月的货款3 000元。

2.应收冲应收并账业务处理

2023年1月9日，应收青岛顺峰有限公司的货款237 300元，转作应收济南宏达有限公司的应收款。

根据公司实际业务，请在软件中帮助会计人员完成并账与转账等业务处理，实现业财一体化的管理目标。

知识链接

转账并账业务处理

转账并账处理是指在日常业务处理中经常发生的应收冲应收、预收冲应收等业务处理。

1.预收冲应收转账业务

预收冲应收是指处理客户的预收款和该客户应收款的转账核销业务，即某一个客户有预收款时，可用该客户的一笔预收款冲其一笔应收款。

预收冲应收转账业务处理流程如下：

（1）在销售模块中选择"预收冲应收"命令（选择客户及对应的应收预收款项）。

（2）在核算模块进行客户往来制单（转账制单）。

2.应收冲应收并账业务

应收冲应收是指将一家客户的应收款转到另一家客户中。通过应收冲应收功能可将应收款业务在客户之间进行转入、转出，实现应收业务的调整，解决应收款业务在不同客户之间入错户或合并户的问题。

应收冲应收并账业务处理流程如下：

（1）在销售模块中选择"应收冲应收"命令（选择转入、转出的客户）。

（2）在核算模块进行客户往来制单（并账制单）。

■ 工作步骤

以销售会计周静的身份登录信息门户。输入或选择如下信息：操作员"LX05"；账套"666鲁星纺织"账套；会计年度"2023"；日期"2023-01-31"。

一、预收冲应收业务（转账）

1.在销售模块进行预收冲应收处理

（1）执行"销售→客户往来→预收冲应收"命令，打开"预收冲应收"对话框，修改日期为"2023-01-06"。在"预收款"页签，选择供应商"淄博长江百货公司"。单击"过滤"按钮，输入转账金额"3 000"，如图4-30所示。

（2）在"应收款"页签，单击"过滤"按钮，输入转账金额"3 000"，如图4-31所示。单击"确定"按钮，保存成功。

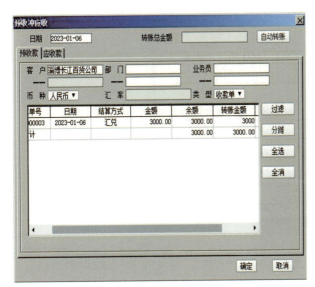

图4-30　确定预收款转账金额

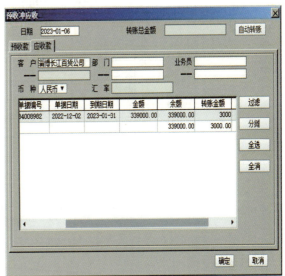

图4-31　确定应收款转账金额

2.在核算模块对预收冲应收处理制单（转账制单）

执行"核算→客户往来制单"命令，选择"转账制单"，如图4-32所示，生成预收冲应收凭证，如图4-33和图4-34所示。

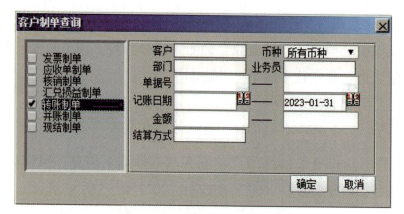

图4-32　选择"转账制单"

图4-33　转账制单

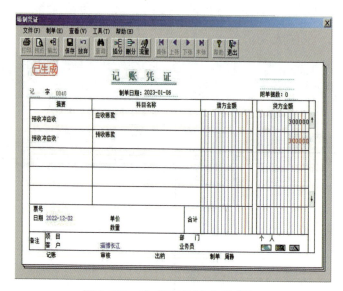

图4-34　生成预收冲应收凭证

二、应收冲应收业务（并账）

1.在销售模块进行应收冲应收处理

执行"销售→客户往来→应收冲应收"命令，打开"应收冲应收"对话框，修改日期为"2023-01-09"。在"转出户"中选择"青岛顺峰百货公司"，在"转入户"中选择"济南宏达百货公司"，单击"过滤"按钮，输入转账金额，共计237 300元，如图4-35所示。单击"确定"按钮，保存成功。

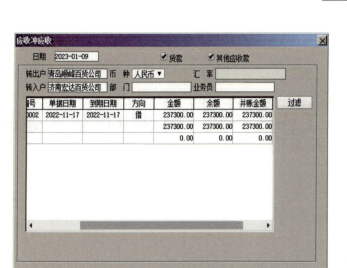

图4-35　确定并账金额

2.在核算模块对应收冲应收处理制单（并账制单）

执行"核算→客户往来制单"命令，选择"并账制单"，如图4-36所示，生成应收冲应收凭证，如图4-37所示。

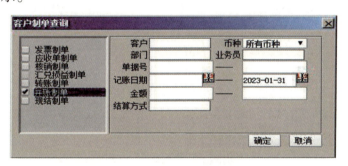

图4-36　选择"并账制单"

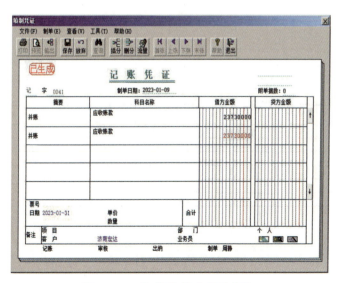

图4-37　生成应收冲应收凭证

工作任务四　特殊销售业务处理

工作任务 4.1　销售代垫运费业务处理

任务情境

鲁星纺织有限公司销售业务全面进入业财一体化的软件平台运行，企业发生如下销售业务，请按照操作员的职能权限在T3软件中完成相应的业务处理。具体工作任务如下：

2023年1月11日，销售给青岛顺峰百货公司衬衣150件，无税单价100元，货款尚未收到。同时代垫运费100元，运费使用现金支付，如图4–38和图4–39所示。

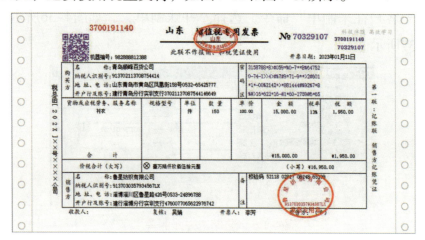

3700191140　山东增值税专用发票　№ 70329107　3700191140　70329107

此联不作报销、扣税凭证使用

机器编号：982888812388　开票日期：2023年01月11日

购买方	名称：青岛顺峰百货公司 纳税人识别号：913702113708754414 地址、电话：山东青岛市黄岛区凤凰街158号0532-65425777 开户行及账号：建行青岛分行实训支行37021137087544146649	密码区	3158788*8>#059*%0-7**8%64752 0-74-1>>4>#%7#9*71-9**>2#601 *1*-00%2142*>*881444#%92%7*8 %#>16*622*16-#1*60-2759#6*65

货物或应税劳务、服务名称	规格型号	单位	数量	单价	金额	税率	税额
衬衣		件	150	100.00	15,000.00	13%	1,950.00
合计					¥15,000.00		¥1,950.00
价税合计（大写）	⊗壹万陆仟玖佰伍拾元整				（小写）¥16,950.00		

销售方	名称：鲁星纺织有限公司 纳税人识别号：9137030357934567LX 地址、电话：淄博淄川区鲁星路426号0533-24896788 开户行及账号：建行淄博分行实训支行4760077065622976742	备注	校验码 52118 02817 08248 65109

收款人：　　复核：吴娟　　开票人：李芳　　销售方：（章）

税总函[202X]××号×××公司　第一联：记账联　销售方记账凭证

图4–38　销售增值税专用发票

出库单　No. 05952086

购货单位：青岛顺峰百货公司　2023 年 01 月 11 日

编号	品名	规格	单位	数量	单价	金额	备注
K001	衬衣		件	150			
合计							

仓库主管：张芳　记账：　保管：李哲　经手人：王晴　制单：王丽

第二联　记账联

图4–39　销售出库单

根据公司实际业务，请帮助会计人员在软件中完成销售发票、销售出库单和代垫单等业务处理，实现业财一体化的管理目标。

 **知识链接**

一、销售企业负担的运费业务

企业在销售商品过程中发生的由自身负担的运费，直接计入销售费用科目。其处理流程无须在销售模块中操作，直接在总账模块中填制记账凭证即可。生成的会计分录如下：

借：销售费用

　　应交税费—应交增值税（进项税额）

　　贷：银行存款

二、代垫销售运费业务

在销售业务中，有的企业随着货物的销售会发生代垫费用，如代垫运杂费、保险费等。代垫费用属于需要向客户收取的费用项目。对代垫费用的处理，有两种方法：一种方法是以应税劳务的方式直接录入销售发票中，这样做的好处是能将代垫费用和销售发票直接关联起来；另一种方法是通过系统中提供的应收单单独录入，在系统中进行应收款处理。

在销售模块中仅对代垫费用的发生情况进行登记，收款核销由应收款核算系统完成。代垫运费业务的处理流程如下：

（1）在销售模块填制并审核代垫费用单。

（2）在核算模块对代垫费用单制单（选择"应收单制单"）。

生成的会计分录如下。

借：应收账款

　　贷：银行存款/库存现金

 **工作步骤**

以销售会计周静的身份登录信息门户。输入或选择如下信息：操作员"LX05"；账套"666鲁星纺织"账套；会计年度"2023"；日期"2023-01-31"。

一、销售代垫运费业务

1.在销售模块填制销售发货单

执行"销售→销售发货单"命令，填制并审核销售发货单。

2.在销售模块填制、复核销售专用发票

执行"销售→销售发票"命令，进入"销售发票"窗口，单击"增加"按钮右侧的下拉箭头，选择"专用发票"。填写相应的信息，检查无误后，单击"保存"按钮。单击"复核"按钮，审核增值税专用发票。

3.在销售模块填制并复核代垫费用单

在"销售发票"窗口找到相应的发票，单击"代垫"按钮，再单击"增加"按钮，填制并复核代垫费用单，如图4-40所示。

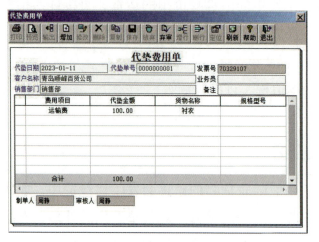

图4-40　填制并复核代垫费用单

4.在核算模块对销售发票制单（发票制单）

执行"核算→凭证→客户往来制单"命令，选择"发票制单"，生成销售凭证。

5.在核算模块对代垫费用单制单（应收单制单）

执行"核算→凭证→客户往来制单"命令，选择"应收单制单"，如图4-41所示。补充贷方科目"1001"，生成应收单凭证，如图4-42所示。

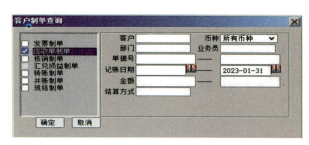

图4-41　选择"应收单制单"

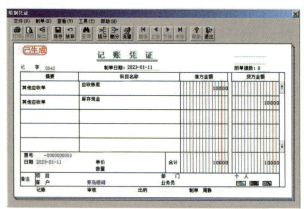

图4-42　生成应收单凭证

6.在库存模块审核销售出库单

执行"库存→销售出库单生成/审核"命令，打开"销售出库单"对话框。选择销售对应的出库单，单击"复核"按钮。

7. 在核算模块对销售出库单记账

执行"核算→核算→正常单据记账"命令，对该销售出库单记账。

8. 在核算模块对销售出库单制单

执行"核算→凭证→购销单据制单"命令，选择"销售出库单"。单击"确定"按钮，进入"生成凭证"窗口。单击"生成"按钮，进入"填制凭证"窗口，生成销售出库单凭证，单击"保存"按钮，如图4-43所示。

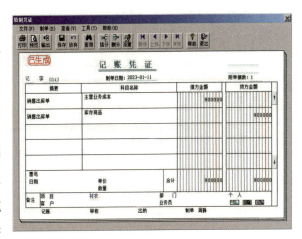

图4-43 生成销售出库单凭证

工作任务 4.2 销售折扣业务处理

任务情境

鲁星纺织公司采购业务全面进入业财一体化的软件平台运行，企业发生如下销售业务，按照操作员的职能权限在T3软件中完成相应的业务处理。具体工作任务如下：

1. 销售现金折扣业务处理

2023年1月15日，销售部与济南宏达百货公司签订销售合同，预销售运动服200套，无税单价200元，其中，付款条件2/10，1/20，n/30，如图4-44所示。

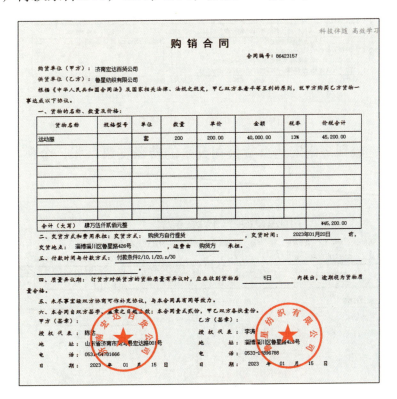

图4-44 销售合同

2023年1月15日，销售给济南宏达百货公司运动服200套，无税单价200元，货物已发出，如图4-45所示。

图4-45　销售出库单

同日，向济南宏达百货公司开出销售增值税专用发票一张，运动服200套，无税单价200元，增值税税率13%，如图4-46所示。

图4-46　销售增值税专用发票

2023年1月20日，收到济南宏达百货公司开来的转账支票一张，金额44 000元，支付上述货款，如图4-47所示。

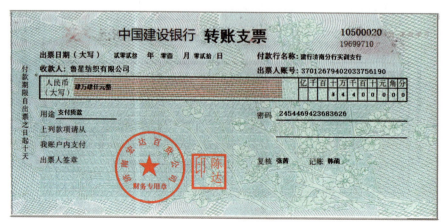

图4-47　转账支票

2.销售商业折扣业务处理

2023年1月16日，销售给淄博长江百货公司衬衣，数量200件，货物已发出，如图4-48所示。

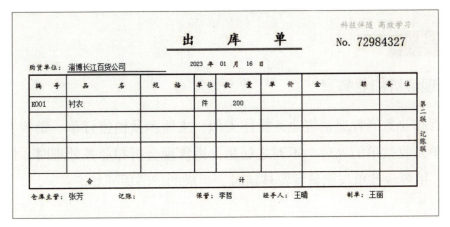

图4-48 销售出库单

2023年1月3日，向淄博长江百货公司开出销售增值税专用发票一张，数量200件，无税单价100元，给予对方企业2%的折扣，增值税税率13%，如图4-49所示。

图4-49 销售增值税专用发票

同日，企业收到淄博长江百货公司的转账支票一张，金额22 148元，收回销售货款，如图4-50所示。

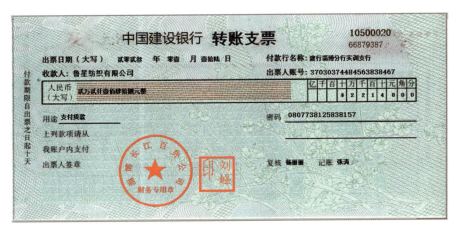

图4-50 转账支票

根据公司实际业务，请在软件中帮助会计人员完成销售合同、销售出库单和销售发票等业务处理，实现业财一体化的管理目标。

知识链接

一、销售现金折扣业务

销售现金折扣业务同普通销售业务操作类似。主要涉及销售订单、销售发货单、销售发票、销售出库单及收款单的处理。不同之处是：销售现金折扣业务处理时，销售发票应选择现金折扣条件，销售收款单与销售发票核销时，生成的记账凭证如下：

借：银行存款

　　财务费用

　　贷：应收账款

二、销售商业折扣业务

销售商业折扣业务同普通销售业务操作类似。主要涉及销售订单、销售发货单、销售发票、销售出库单及收款单等单据的处理。不同之处是：销售商业折扣业务处理时，在销售发票填制时，商品的"无税单价"应填写在"报价"项目中，同时，在本行的"扣率"项目中输入本笔业务的折扣率，如给予对方企业5%的销售折扣，应在"扣率"中填写"95"。这样系统会自动在"无税单价"项目中算出实际销售价格。生成的记账凭证如下：

借：应收账款/银行存款

　　贷：主营业务收入

　　　　应交税费—应交增值税（销项税额）

工作步骤

以销售会计周静的身份登录信息门户。输入或选择如下信息：操作员"LX05"；账套"666鲁星纺织"账套；会计年度"2023"；日期"2023-01-31"。

一、销售现金折扣业务

1.在销售模块填制销售订单

执行"销售→销售订单"命令，填制并审核销售订单（在销售订单中选择付款条件"2/10，1/20，n/30"），如图4-51所示。

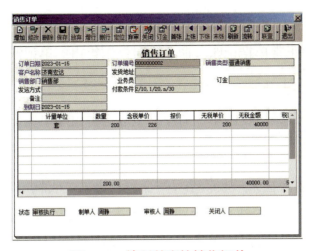

图4-51　填制并审核销售订单

2.在销售模块填制销售发货单

执行"销售→销售发货单"命令，填制并审核销售发货单。

3.在销售模块填制、复核销售专用发票

执行"销售→销售发票"命令，填制销售专用发票（在销售发票中选择付款条件"2/10，1/20，n/30"），单击"复核"按钮，审核该增值税专用发票。

4.在库存模块审核销售出库单

执行"库存→销售出库单生成/审核"命令，选择销售对应的出库单，单击"复核"按钮。

5.在核算模块对销售发票制单（发票制单）

执行"核算→凭证→客户往来制单"命令，选择"发票制单"，生成销售发票凭证，如图4-52所示。

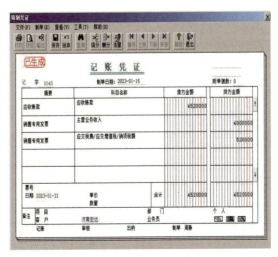

图4-52　生成销售发票凭证

6. 在核算模块对销售出库单记账

执行"核算→核算→正常单据记账"命令，对该销售出库单记账。

7. 在核算模块对销售出库单制单

执行"核算→凭证→购销单据制单"命令，生成销售出库单凭证，如图4-53所示。

8. 在销售模块填制收款单并与应收款进行核销

（1）执行"销售→客户往来→收款结算"命令，进入"收款单录入"窗口。

（2）选择客户"001济南宏达百货公司"，单击"增加"按钮，输入日期、结算方式、金额等信息，单击"保存"按钮。单击"核销"按钮，对单据进行核销，输入本次折扣"904"，如图4-54所示。单击"保存"按钮。

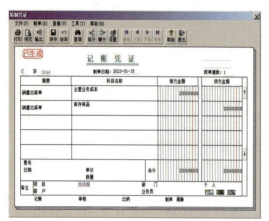

图4-53　生成销售出库单凭证　　　　图4-54　核销收款单

9. 在核算模块对收款单制单（核销制单）

执行"核算→凭证→客户往来制单"命令，选择"核销制单"，单击"确定"按钮。单击选择收款单，单击"制单"按钮，生成收款单凭证，检查无误后，单击"保存"按钮，如图4-55所示。

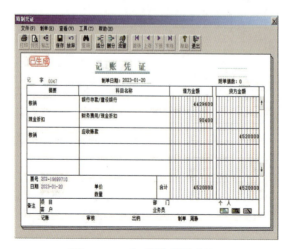

图4-55　生成收款单凭证

二、销售商业折扣业务

1.在销售模块填制销售发货单

执行"销售→销售发货单"命令，填制并审核销售发货单。

2.在销售模块填制、现结、复核销售专用发票

（1）执行"销售→销售发票"命令，进入"销售发票"窗口，单击"增加"按钮右侧的下拉箭头，选择"专用发票"。在"报价"中填写"100"，根据商业折扣情况，再在"扣率"中填写"98"，然后在"无税单价"中计算出实际售价"98"，检查无误后，单击"保存"按钮，如图4-56所示。

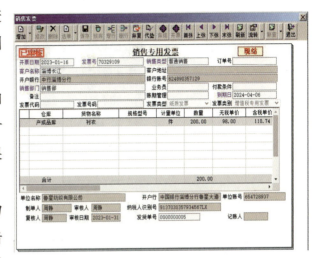

图4-56　填制销售发票

（2）单击"现结"按钮，选择结算方式为"转账支票"，结算金额为"22 148"，单击"确定"按钮。单击"复核"按钮，审核该增值税专用发票。

3.在库存模块审核销售出库单

执行"库存→销售出库单生成/审核"命令，打开"销售出库单"对话框。选择销售对应的出库单，单击"复核"按钮。

4.在核算模块对销售发票制单（现结制单）

执行"核算→凭证→客户往来制单"命令，选择"现结制单"，生成销售发票凭证，如图4-57所示。

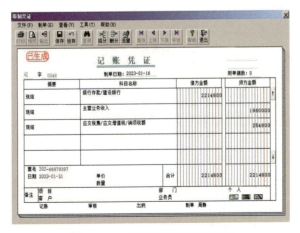

图4-57　生成销售发票凭证

5.在核算模块对销售出库单记账

执行"核算→核算→正常单据记账"命令，对该销售出库单记账。

6.在核算模块对销售出库单制单

执行"核算→凭证→购销单据制单"命令，选择"销售出库单"。单击"确定"按钮，进入"生成凭证"窗口，单击"生成"按钮，进入"填制凭证"窗口，生成销售出库单凭证，单击"保存"按钮，如图4-58所示。

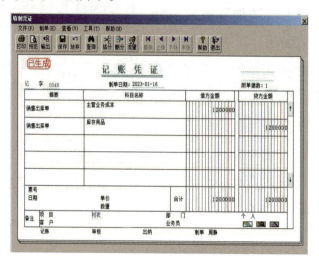

图4-58　生成销售出库单凭证

工作任务 4.3　销售开票直接发货业务处理

任务情境

鲁星纺织公司采购业务全面进入业财一体化的软件平台运行，企业发生如下销售业务，按照操作员的职能权限在T3软件中完成相应的业务处理。具体工作任务如下：

2023年1月17日，销售给济南宏达百货公司运动服100件，无税单价200元，销售直接开票后仓库发货，货款尚未收到，如图4-59和图4-60所示。

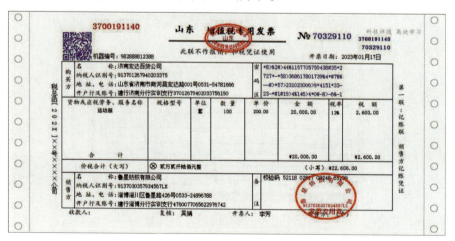

图4-59　销售增值税专用发票

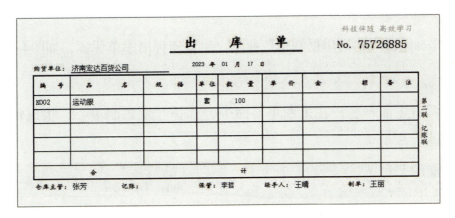

图4-60 销售出库单

根据公司实际业务，请在软件中帮助会计人员完成处理销售发票、销售出库单等业务处理，实现业财一体化的管理目标。

知识链接

销售开票直接发货业务

销售开票直接发货业务与普通的销售业务软件操作有所不同。销售开票直接发货业务只需要填制并审核销售发票后，系统会自动生成销售发货单和销售出库单，无须直接填制销售发货单。

工作步骤

以销售会计周静的身份登录信息门户。输入或选择如下信息：操作员"LX05"；账套"666鲁星纺织"账套；会计年度"2023"；日期"2023-01-31"。

一、销售开票直接发货业务

1.在销售模块填制、复核销售专用发票

执行"销售→销售发票"命令，填制销售专用发票，单击"复核"按钮。

2.在销售模块由销售发票自动生成销售发货单

执行"销售→销售发货单"命令，查看销售发货单。

3.在库存模块审核销售出库单

执行"库存→销售出库单生成/审核"命令，单击"复核"按钮。

4.在核算模块对销售出库单记账

执行"核算→核算→正常单据记账"命令，对该销售出库单记账。

5.在核算模块对销售出库单制单

执行"核算→凭证→购销单据制单"命令，生成销售出库单凭证，如图4-61所示。

6.在核算模块对销售发票制单（发票制单）

执行"核算→凭证→客户往来制单"命令，选择"发票制单"，生成销售发票凭证，如图4-62所示。

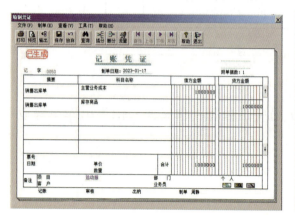

图4-61　生成销售出库单凭证

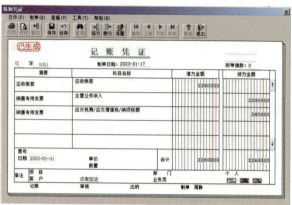

图4-62　生成销售发票凭证

工作任务 4.4　销售退回业务处理

任务情境

鲁星纺织公司采购业务全面进入业财一体化的软件平台运行，企业发生如下销售业务，按照操作员的职能权限在T3软件中完成相应的业务处理。具体工作任务如下：

1.销售结算后退回业务处理

2023年1月20日，发现17日销售给济南宏达百货公司的运动服有1套质量不合格，经协商，不合格运动服被退回，如图4-63所示。

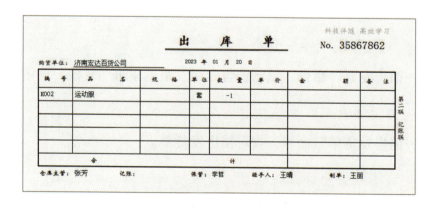

图4-63　销售出库单

同时，向济南宏达有限公司开出红字专用发票一张，运动服1套，无税单价200元，增值税税率13%，如图4-64所示。

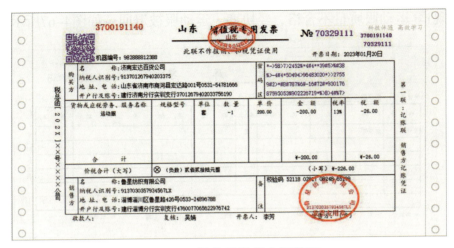

图4-64　销售增值税专用发票

2023年1月21日，开出转账支票一张，退给济南宏达有限公司货款，金额226元，如图4-65所示。

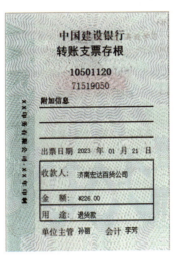

图4-65　转账支票

2.销售结算前退回业务处理

2023年1月25日，销售给青岛顺峰百货公司运动服200套，货物已发出，如图4-66所示。

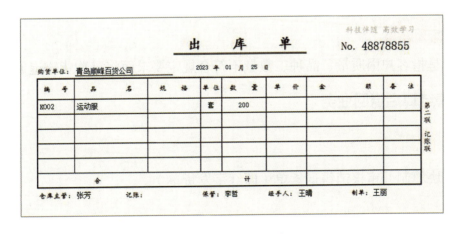

图4-66　销售出库单

次日，发现1套运动服质量不合格，经协商，运动服被退回，如图4-67所示。

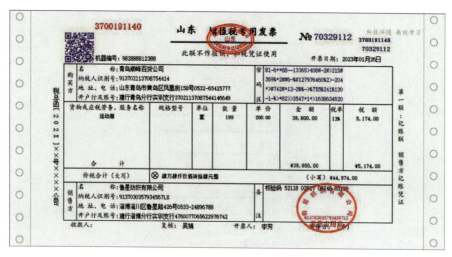

图4-67　销售退货单

2023年1月26日，向青岛顺峰百货公司开出销售专用发票一张，运动服199套，无税单价200元，增值税税率13%，如图4-68所示。

图4-68　销售增值税专用发票

根据公司实际业务，请在软件中帮助会计人员完成销售发票、销售出库单和销售退货单等业务处理，实现业财一体化的管理目标。

知识链接

销售退货是指客户因质量、品种、数量不符合规定要求而将已购货物退回。

一、销售结算后退回业务

1.销售退货单的处理流程

在销售模块填制并审核销售退货单（即红字发货单）。

2.销售出库单（红字）的处理流程

（1）在库存模块审核销售出库单（红字）。

（2）在核算模块对销售出库单（红字）记账。

（3）在核算模块对销售出库单（红字）制单。

生成的会计分录如下：

借：主营业务成本（红字）

　　贷：库存商品（红字）

3.销售发票（红字）的处理流程

（1）在销售模块参照发货单生成并审核销售发票（红字）。

（2）在核算模块对销售发票（红字）制单（发票制单）。

生成的会计分录如下：

借：应收账款（红字）

　　贷：主营业务收入（红字）

　　　　应交税费—应交增值税（销项税额）（红字）

4.收款单的处理流程

（1）在销售模块填制付款单并与对应发票（红字）进行核销。

（2）在核算模块对付款单制单（核销制单）。

生成的会计分录如下：

借：银行存款（红字）

　　贷：应收账款（红字）

二、销售结算前退回业务

1.销售发货单及退货单的处理流程

（1）在销售模块填制并审核销售发货单。

（2）在销售模块填制并审核销售退货单（即红字发货单）。

2.销售出库单（蓝/红字）的处理流程

（1）在库存模块审核销售出库单（蓝/红字）。

（2）在核算模块对销售出库单（蓝/红字）记账。

（3）在核算模块对销售出库单（蓝/红字）制单。

生成的会计分录如下（蓝、红凭证各一张）：

借：主营业务成本（蓝/红）

　　贷：库存商品（蓝/红）

3.销售发票的处理流程

（1）在销售模块参照发货单生成并审核销售发票（蓝字）。

销售发票中的数量为蓝字发货单数量减去红色发货单数量。

（2）在核算模块对销售发票制单（发票制单）。

生成的会计分录如下：

借：应收账款

贷：主营业务收入

应交税费—应交增值税（销项税额）

工作步骤

以销售会计周静的身份登录信息门户。输入或选择如下信息：操作员"LX05"；账套"666鲁星纺织"账套；会计年度"2023"；日期"2023-01-31"。

一、销售结算后退回业务

1.在销售模块填制销售退货单

执行"销售→销售发货单"命令，单击"增加"按钮右侧的下拉箭头，选择"退货单"，填制退货单，数量输入"-1"，单击"保存"按钮，再单击"审核"按钮，如图4-69所示。

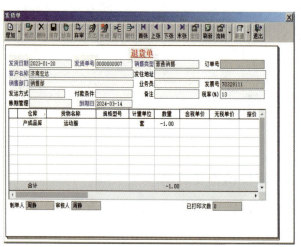

图4-69　填制并审核退货单

2.在销售模块填制、复核采购专用发票

执行"销售→销售发票"命令，单击"增加"按钮右侧的下拉箭头，选择"销售专用发票（红字）"，填制并复核红字销售专用发票，如图4-70所示。

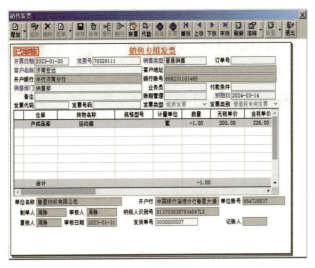

图4-70　填制并复核销售专用发票（红字）

3.在库存模块审核销售出库单（红字）

执行"库存→销售出库单生成/审核"命令，审核红字销售出库单。

4.在核算模块对销售发票（红字）制单（发票制单）

执行"核算→凭证→客户往来制单"命令，选择"发票制单"，生成销售发票凭证（红字），如图4-71所示。

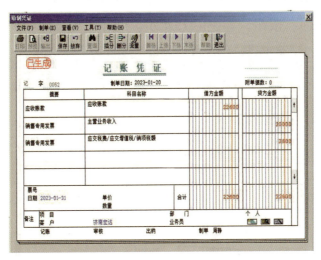

图4-71　销售发票凭证（红字）

5.在核算模块修改销售出库单（红字）

执行"核算→销售出库单"命令，打开"销售出库单"窗口，修改相应的销售出库单，输入单价为"100"。

6.在核算模块对销售出库单（红字）记账

执行"核算→核算→正常单据记账"命令，对该销售出库单记账。

7. 在核算模块对销售出库单（红字）制单

执行"核算→凭证→购销单据制单"命令，在查询条件窗口，选择"销售出库单"条件，生成销售出库单凭证（红字），如图4-72所示。

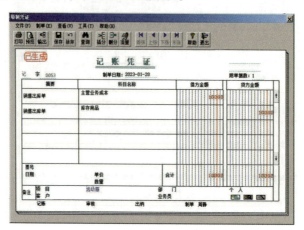

图4-72 销售出库单凭证（红字）

8. 在销售模块填制付款单（红字）并与应收款进行核销

（1）执行"销售→客户往来→收款结算"命令，进入"收款单录入"窗口。

（2）选择客户"001济南宏达百货公司"，单击"切换"按钮，切换成红字的付款单。单击"增加"按钮，输入或选择表头数据，日期"2023-01-21"，结算方式"转账支票"，金额"226"，单击"保存"按钮，如图4-73所示。

图4-73 填制红字付款单

（3）单击"核销"按钮，本次结算金额"226"，单击"保存"按钮。

9. 在核算模块对付款单（红字）制单（核销制单）

执行"核算→凭证→客户往来制单"命令，选择"核销制单"，单击"确定"按钮。单击选择要制单的收款单，单击"制单"按钮，生成付款单凭证，检查无误后，单击"保存"按钮，如图4-74所示。

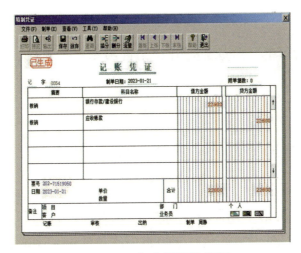

图4-74　生成付款单凭证

二、销售结算前退回业务

1.在销售模块填制销售发货单

执行"销售→销售发货单"命令，填制并审核销售发货单，数量输入"200"。

2.在销售模块填制销售发货单（红字）

执行"销售→销售发货单"命令，单击"增加"按钮右侧的下拉箭头，选择"退货单"，填制退货单，数量输入"–1"。

3.在销售模块填制、复核销售专用发票

执行"销售→销售发票"命令，填制并复核销售专用发票，如图4-75所示。

图4-75　填制并复核销售专用发票

4.在库存模块审核销售出库单

执行"库存→销售出库单生成/审核"命令，审核红色与黑色出库单。

5.在核算模块修改销售出库单（红字）

执行"核算→销售出库单"命令，打开"销售出库单"窗口，修改相应的销售出库单，输入单价为"100"。

6.在核算模块对销售出库单记账

执行"核算→核算→正常单据记账"命令，对销售出库单和红字销售出库单记账。

7.在核算模块对销售出库单制单

执行"核算→凭证→购销单据制单"命令，在查询条件窗口，选择"销售出库单"条件，生成销售出库单凭证（图4-76）和红字销售出库单凭证（图4-77）。

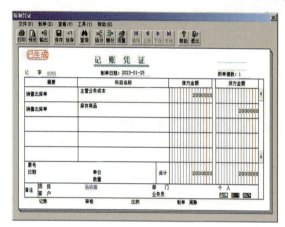

图4-76　销售出库单凭证

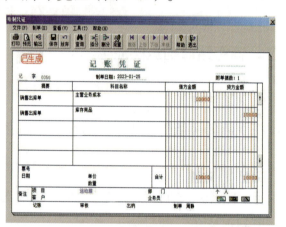

图4-77　红字销售出库单凭证

8.在核算模块对销售发票制单（发票制单）

执行"核算→凭证→客户往来制单"命令，选择"发票制单"，生成销售发票凭证，如图4-78所示。

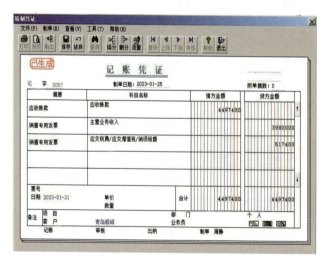

图4-78　生成销售发票凭证

工作领域五
库存与核算管理

"库存与核算管理"工作领域主要是通过业务财务一体化信息系统对企业的存货进行管理，在制造业企业中，根据材料出库和产成品入库业务的相关数据，进行成本的核算，及时反映和监督存货的收发、领用和保管等情况。为生产、销售和财务部门提供准确的信息。主要工作任务包括材料领用业务处理、产成品入库业务处理、库存盘点业务处理、其他入库业务处理和其他出库业务处理等。

该工作领域具体任务包括：

1.材料领用业务处理

材料领用业务处理主要是通过材料领用单，对生产领用材料的业务进行处理，按照企业确定材料的计价方式，由业务财务一体化信息系统自动计算出材料发出的成本，进行相应的财务核算。

2.产成品入库业务处理

产成品入库业务处理主要是通过产成品入库单，对生产完工的产品进行入库的处理，归集产品生产过程中的成本，通过系统分配功能计算完工入库产品的成本，进行相应的财务核算。

3.库存盘点业务处理

库存盘点业务处理主要是通过盘点单，对企业的各种仓库进行盘点，主要是开展企业仓库中存货的实际数量和账面数量的核对工作。

4.其他入库业务处理

其他入库业务处理主要是通过其他入库单，对企业的其他入库业务进行处理。如接受其他单位捐赠的存货业务等。

5.其他出库业务处理

其他出库业务处理主要是通过其他出库单，对企业的其他出库业务进行处理。如将企业存货对外捐赠或发放非货币福利的业务等。

学习目标

【知识目标】

1.了解库存管理子系统的主要功能。

2.了解库存管理的相关内容及重要作用。

3.熟悉不同类型库存业务的处理流程。

4.掌握各种入库业务的处理。

5.掌握各种出库业务的处理。

6.掌握盘点业务的处理。

【技能目标】

1.能够规范、准确地掌握不同类型入库业务的操作处理。

2.能够规范、准确地掌握不同类型出库业务的操作处理。

3.能够规范、准确地掌握盘点业务的操作处理。

4.培养学生能够根据实际问题独立思考，具备库存出/入库业务、盘点业务的软件处理能力，胜任基于业财一体化软件中库存管理工作。

【素养目标】

1.培养学生成本控制意识、职业责任意识、强国意识。

2.引导学生树立职业责任感、专业使命感，激发家国情怀。

【素养小课堂】

企业在仓库的日常工作中，存在着很多不合理的现象。如订货过多、过早，生产过剩等现象都可能导致产品积压、超期、占用过多空间及资金、产生不必要的管理费用。通过正、反两案例，创设情境，引发学生思考与讨论，让学生意识到当前仍有很多中国企业看起来生产、销售等运营非常好，却忽略了这是以高库存为代价，高库存意味着高成本，最终导致利润降低甚至破产，培养学生成本控制意识、强国意识以及激发学生职业责任感、专业使命感，最终上升到家国情怀。

工作任务一 材料领用业务处理

📖 任务情境

鲁星纺织有限公司库存业务全面进入业财一体化的软件平台运行，企业发生如下库存业务，按照操作员的职能权限在T3软件中完成相应的业务处理。具体工作任务如下：

2023年1月5日，生产部领用棉布网衬2 000米，化纤布1 000米，用于生产运动服，材料已从原材料库发出，如图5-1所示。

领 料 单

领料部门：生产部

用　途：生产运动服　　　　2023 年 01 月 05 日　　　编号：329

材料编号	材料名称	规格	计量单位	数量 请领	数量 实发	成本 单价	成本 金额
Y001	棉布网衬		米	2000	2000		0.00
Y002	化纤布		米	1000	1000		0.00
合　计				3000	3000		￥0.00

主管：　　　记账：　　　仓管主管：张芳　　　领料：刘强　　　发料：李红

图5-1 领料单

根据企业实际业务，请在软件中帮助会计人员完成材料领料单等业务处理，实现业财一体化的管理目标。

📖 知识链接

材料出库业务

材料出库单是工业企业领用材料时所填制的出库单据，当从仓库中领用材料用于生产时，就需要填制材料出库单。只有工业企业才有材料出库单，商业企业没有此单据。材料出库单可以手工增加，也可以配比出库，或根据限额领料单生成。

📖 工作步骤

以库管员刘娟的身份登录信息门户。输入如下信息：操作员"LX06"，密码"空"，账套"666鲁星纺织"，出库类别"材料领用出库"，会计年度"2023"，日期"2023-01-31"。

1.在库存模块填制并审核材料出库单

执行"库存→材料出库单"命令，进入"材料出库单"窗口，单击"增加"按钮，输入日期"2023-01-05"，选择仓库"原材料库"，出库类别"材料领用出库"。选择存货编号为"Y001"，输入数量"2 000"；选择存货编号为"Y002"，输入数量"1 000"，单击"保存"按钮，再单击"审核"按钮，如图5-2所示。

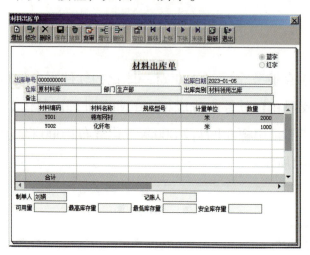

图5-2　填制并审核材料出库单

2.在核算模块对材料出库单记账

执行"核算→核算→正常单据记账"命令，对该材料出库单记账。

3.在核算模块对材料出库单制单

（1）执行"核算→凭证→购销单据制单"命令，选择"材料出库单"，如图5-3所示。

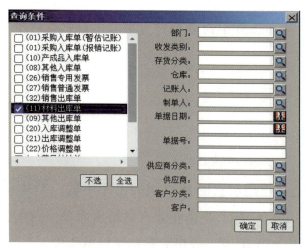

图5-3　选择"材料出库单"

（2）单击"确定"按钮，单击选择"材料出库单"行，单击"确定"按钮，进入"生成凭证"窗口。单击"生成"按钮，生成材料出库单凭证，修改制单日期"2023-01-05"，检查信息无误后，单击"保存"按钮，如图5-4所示。

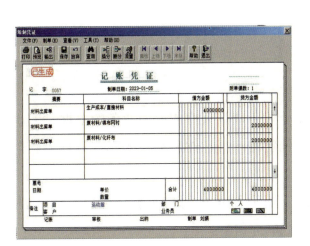

图5-4 生成材料出库单凭证

工作任务二 产成品入库业务处理

任务情境

鲁星纺织有限公司库存业务全面进入业财一体化的软件平台运行，企业发生如下库存业务，按照操作员的职能权限在T3软件中完成相应的业务处理。具体工作任务如下：

2023年1月20日，500套运动服生产完工，验收入产成品库，财务部提供500套运动服的完工成本为50 000元，进行成本分配（直接材料50%，直接人工40%，制造费用10%），如图5-5所示。

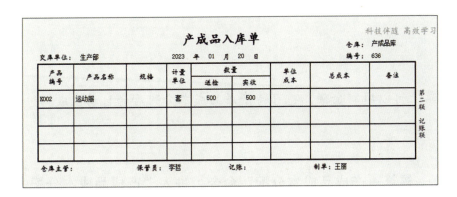

图5-5 产成品入库单

根据公司实际业务，请在软件中帮助会计人员完成产成品入库等业务处理，实现业财一体化的管理目标。

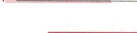 **知识链接**

产成品入库业务

产成品入库单是工业企业产成品入库或退回业务的单据。工业企业对原材料和半成品进行一系列加工后，形成可销售的产品，然后验收入库。只有工业企业才有产成品入库单，商业企业没有此单据。

一般在入库时是无法确定产成品的总成本和单位成本的，因此，在填制产成品入库单时，一般只有数量，而没有单价和金额。

工作步骤

以库管员刘娟的身份登录信息门户。输入或选择如下信息：操作员"LX06"；账套"666鲁星纺织"账套；会计年度"2023"；日期"2023-01-31"。

产成品入库业务

1.在库存模块填制并审核产成品入库单

执行"库存→产成品入库单"命令，进入"产成品入库单"窗口，单击"增加"按钮，输入日期"2023-01-20"，入库类别为"产成品入库"，选择仓库"产成品库"，部门为"生产部"。选择产品编号为"K002"，输入数量"500"，单击"保存"按钮，再单击"审核"按钮，如图5-6所示。

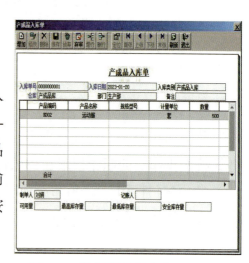

图5-6　填制并审核产成品入库单

注意：

产品入库单上可以填写金额，也可待产成品成本分配后会自动生成。

2.在核算模块进行产成品分配

执行"核算→核算→产成品成本分配"命令，进入"产成品成本分配表"窗口。单击"查询"按钮，再单击"确定"按钮，单击选择相应的"产成品入库单"，单击"确定"按钮。在"运动服"记录行"金额"栏中输入"50 000"，如图5-7所示。单击"分配"按钮，再单击"确定"按钮。

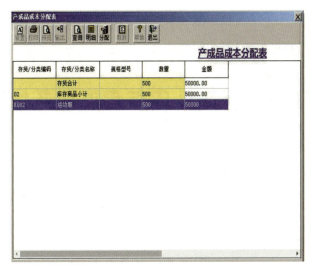

图5-7　产成品成本分配

3.在核算模块对产成品入库单记账

执行"核算→核算→正常单据记账"命令，对该产成品入库单记账。

4.在核算模块对产成品入库单制单

（1）执行"核算→凭证→购销单据制单"命令，选择"产成品入库单"，如图5-8所示。单击"确定"按钮，单击选择"产成品入库单"行，单击"确定"按钮。

（2）进入"生成凭证"窗口，单击"生成"按钮，生成产成品入库单凭证，修改制单日期"2023-01-20"，单击"保存"按钮，如图5-9所示。

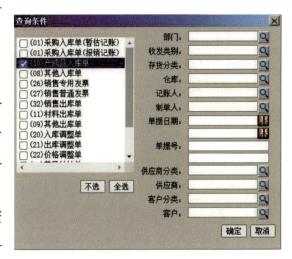

图5-8　选择"产成品入库单"

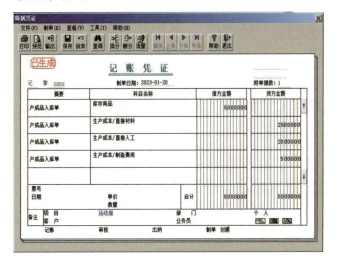

图5-9　生成产成品入库单凭证

工作任务三 库存盘点业务处理

任务情境

鲁星纺织有限公司库存业务全面进入业财一体化的软件平台运行，企业发生如下库存业务，按照操作员的职能权限在T3软件中完成相应的业务处理。具体工作任务如下：

1. 库存盘亏业务处理

2023年1月31日，对原材料库进行盘点，发现棉布网衬短缺了100米。

2. 库存盘盈业务处理

2023年1月31日，对产成品库进行盘点，发现运动服多了50套。

根据公司实际业务，请在软件中帮助会计人员完成产成品入库等业务处理，实现业财一体化的管理目标。

知识链接

库存盘点业务

库存管理模块提供了盘点单用来定期对仓库中的存货进行盘点。盘点是指为了保护企业流动资产的安全和完整，做到账实相符，对存货进行的定期或不定期的清查。

对发生的存货盘盈、盘亏和毁损，应根据存货盘点报告表列出的盘盈、盈亏数，调整存货账上登记的实存数，使存货的账面记录和库存实物相符，将盘盈、盘亏金额结转入"待处理财产损溢"账户；在查明原因、分清责任、按规定程序报有关部门批准以后，再根据盘盈、盘亏的不同原因和不同处理结果，将"待处理财产损溢"科目的金额结转到相应的账户。

库存盘点可分为按仓库盘点和按批次盘点，还可以对各仓库或批次中的全部或部分存货进行盘点。盘盈的结果会自动生成"其他入库单"，盘亏的结果会自动生成"其他出库单"。

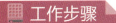 工作步骤

以库管员刘娟的身份登录信息门户。输入或选择如下信息：操作员"LX06"；账套"666鲁星纺织"账套；会计年度"2023"；日期"2023-01-31"。

一、盘亏业务

1. 在库存模块填制并审核盘点单

执行"库存→库存其他业务→库存盘点"命令，进入"盘点单"窗口，单击"增加"按钮，输入单据日期"2023-01-31"，选择盘点仓库"原材料库"，输入盘点日期"2023-01-31"，单击"盘库"按钮，再单击"确定"按钮，输入存货"Y001"的盘点数量为"14 790"。单击"保存"按钮，再单击"审核"按钮，如图5-10所示。

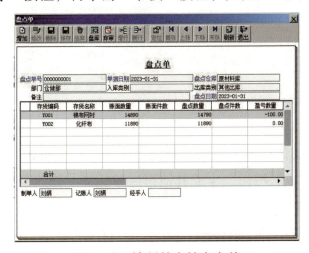

图5-10　填制并审核盘点单

2. 在库存模块对盘点单生成的其他出库单进行审核

执行"库存→其他出库单"命令，找到相应的其他出库单，单击"审核"按钮，如图5-11所示。

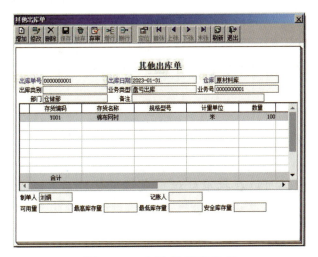

图5-11　审核其他出库单

3.在核算模块对其他出库单记账

执行"核算→核算→正常单据记账"命令，对其他出库单进行记账。

4.在核算模块对其他出库单制单

（1）执行"核算→凭证→购销单据制单"命令，选择"其他出库单"，如图5-12所示。

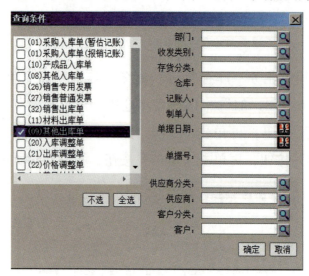

图5-12 选择"其他出库单"

（2）单击"确定"按钮，单击选择"其他出库单"行，单击"确定"按钮，进入"生成凭证"窗口，单击"生成"按钮，生成其他出库单凭证，修改制单日期"2023-01-31"，检查信息无误后，单击"保存"按钮，如图5-13所示。

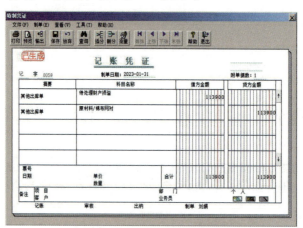

图5-13 生成其他出库单凭证

> **注意：**
>
> 外购材料若发生盘亏，可以在批准处理前或批准处理后，按原材料金额计算增值税，做进项税额转出。

二、盘盈业务

1.在库存模块填制并审核盘点单

执行"库存→库存其他业务→库存盘点"命令，进入"盘点单"窗口。单击"增加"按钮，输入单据日期"2023-01-31"，选择盘点仓库"产成品库"，输入盘点日期"2023-01-31"，单击"盘库"按钮，再单击"确定"按钮。输入存货"K002"的盘点数量为"8 932"，单击"保存"按钮，再单击"审核"按钮，如图5-14所示。

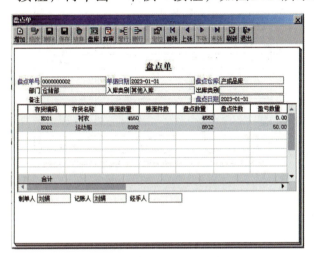

图5-14　填制并审核盘点单

2.在库存模块对盘点单生成的其他入库单进行审核

执行"库存→其他入库单"命令，找到相应的其他入库单，单击"审核"按钮，如图5-15所示。

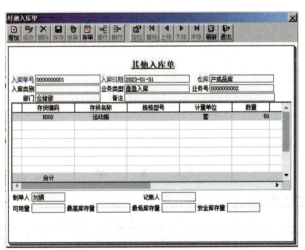

图5-15　审核其他入库单

3.在核算模块对其他入库单记账

执行"核算→核算→正常单据记账"命令，对其他入库单进行记账，打开"正常单据记账条件"对话框，对其他入库单进行记账。

4.在核算模块对其他入库单制单

执行"核算→凭证→购销单据制单"命令，选择"其他入库单"，单击"确定"按钮，单击选择"其他入库单"行。单击"确定"按钮，进入"生成凭证"窗口，单击"生成"按钮，生成其他入库单凭证，修改制单日期"2023-01-31"，检查信息无误后，单击"保存"按钮，如图5-16所示。

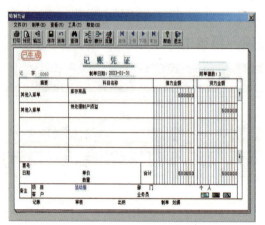

图5-16　生成其他入库单凭证

工作任务四　其他入库业务处理

任务情境

鲁星纺织有限公司库存业务全面进入业财一体化的软件平台运行，企业发生如下库存业务，按照操作员的职能权限在T3软件中完成相应的业务处理。具体工作任务如下：

2023年1月29日，企业接受兴达纺织有限公司捐赠的化纤布1 000米，无税单价25元，已验收入原材料库，如图5-17所示。

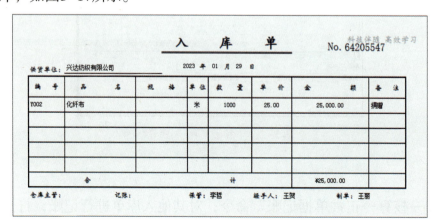

图5-17　其他入库单

根据公司实际业务，请在软件中帮助会计人员完成其他入库等业务处理，实现业财一体化的管理目标。

知识链接

其他入库业务

其他入库是指除了采购入库、产成品入库之外的入库，如调拨入库、盘盈入库、组装拆卸入库、形态转换入库等。

需要注意的是，调拨入库、盘盈入库、组装拆卸入库、形态转换入库等业务可以自动形成相应的其他入库单，除此之外的其他入库单需要手工填制。

本书讲解的是需要手工填制其他入库单的业务，如接受捐赠业务。

工作步骤

以库管员刘娟的身份登录信息门户。输入或选择如下信息：操作员"LX06"；账套"666鲁星纺织"账套；会计年度"2023"；日期"2023-01-31"。

其他入库业务

1. 在库存模块填制并审核其他入库单

执行"库存→其他入库单"命令，进入"其他入库单"窗口，单击"增加"按钮，输入入库日期"2023-01-29"，选择仓库"原材料库"，选择存货编码"Y002"，输入数量"1 000"，单价"25"，单击"保存"按钮，再单击"审核"按钮，如图5-18所示。

2. 在核算模块对其他入库单记账

执行"核算→核算→正常单据记账"命令，对其他入库单进行记账。

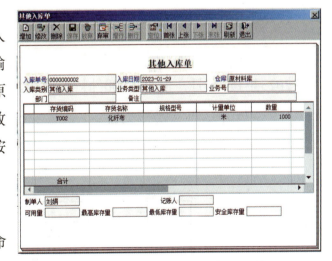

图5-18　填制并审核其他入库单

3. 在核算模块对其他入库单制单

执行"核算→凭证→购销单据制单"命令，选择"其他入库单"，单击"确定"按钮，单击选择"其他入库单"行，单击"确定"按钮，进入"生成凭证"窗口，单击"生成"按钮，生成其他入库单凭证，修改制单日期"2023-01-29"，检查信息无误后，单击"保存"按钮，如图5-19所示。

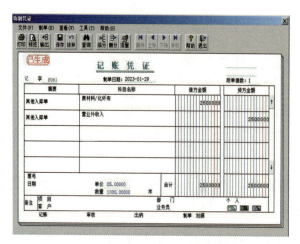

图5-19 生成其他入库单凭证

工作任务五 其他出库业务处理

任务情境

鲁星纺织有限公司库存业务全面进入业财一体化的软件平台运行，企业发生如下库存业务，按照操作员的职能权限在T3软件中完成相应的业务处理。具体工作任务如下：

1.其他出库业务处理（自产产品对外捐赠）

2023年1月30日，企业将200件衬衣赠送给齐悦中学，货物已从成品库发出（同期衬衣售价为100元/件），如图5-20所示。

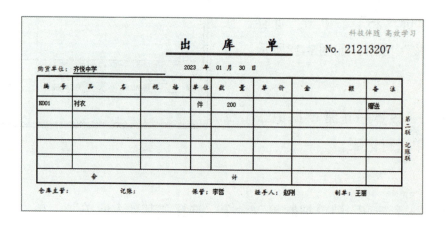

图5-20 其他出库单1

2.其他出库业务处理（自产产品发放给企业职工）

2023年1月31日，企业将100件衬衣发放给职工，货物已从成品库发出（同期衬衣售价100

元/件），如图5-21所示。

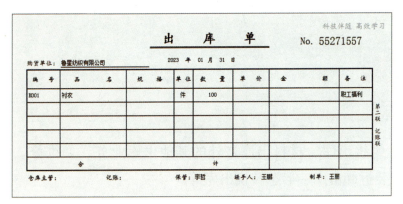

图5-21　其他出库单2

3.其他出库业务处理（外购材料赠送给其他企业）

2023年1月30日，企业将100米化纤布赠送给齐悦中学，货物已从原材料库发出，如图5-22所示。

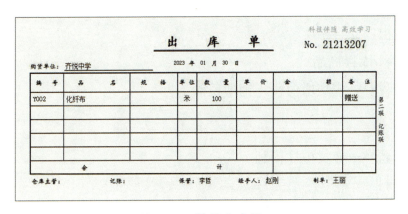

图5-22　其他出库单3

4.其他出库业务处理（外购材料发放给企业职工）

2023年1月31日，企业将100米棉布网衬发放给职工，货物已从原材料库发出，如图5-23所示。

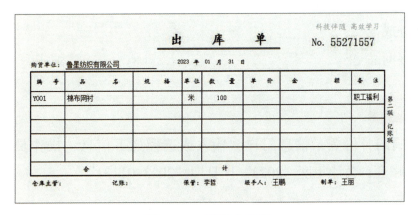

图5-23　其他出库单

　　根据公司实际业务，请在软件中帮助会计人员完成其他出库等业务处理，实现业财一体化的管理目标。

知识链接

其他出库业务

　　其他出库指除销售出库、材料出库之外的其他出库业务，如维修、办公耗用、调拨出库、盘亏出库、组装拆卸出库、形态转换出库等。

　　需要注意的是，调拨出库、盘盈出库、组装出库、拆卸出库、形态转换出库等业务可以自动形成相应的其他出库单，除此之外的其他出库单需要手工填制。

　　本书讲解的是需要手工填制其他出库单的业务，如对外捐赠或发放非货币福利。不同的其他出库业务，在核算模块中生成的凭证有所不同。具体分录如下：

1.其他出库单制单（对外捐赠业务）生成的会计分录

　　借：营业外支出

　　　　贷：原材料/库存商品

　　　　　　应交税费—应交增值税（销项税额）

2.其他出库单制单（外购材料发放职工福利）生成的会计分录

　　借：应付职工薪酬—非货币性福利

　　　　贷：原材料

　　　　　　应交税费—应交增值税（进项税额转出）

3.其他出库单制单（自产产品发放职工福利）生成的会计分录

　　借：应付职工薪酬—非货币性福利

　　　　贷：主营业务收入

　　　　　　应交税费—应交增值税（销项税额）

　　借：主营业务成本

　　　　贷：库存商品

工作步骤

　　以库管员刘娟的身份登录信息门户。输入或选择如下信息：操作员"LX06"；账套"666鲁星纺织"账套；会计年度"2023"；日期"2023-01-31"。

其他出库业务处理（自产产品对外捐赠）

1.在库存模块填制并审核其他出库单

执行"库存→其他出库单"命令，进入"其他出库单"窗口，单击"增加"按钮，输入出库日期"2023-01-30"，选择仓库"产成品库"，选择存货编码"K001"，输入数量"200"，单击"保存"按钮，再单击"审核"按钮，如图5-24所示。

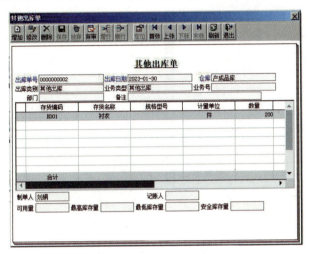

图5-24　填制并审核其他入库单

2.在核算模块对其他出库单记账

执行"核算→核算→正常单据记账"命令，对其他出库单进行记账。

3.在核算模块对其他出库单制单

执行"核算→凭证→购销单据制单"命令，选择"其他出库单"，生成其他出库单凭证，修改制单日期，单击"保存"按钮，如图5-25所示。

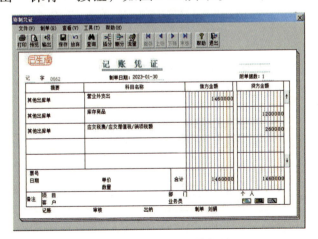

图5-25　其他出库单凭证1

注意：

①自产的产品对外捐赠，视同销售行为，需要按照售价计算增值税销项税额，如图 5-25 所示。

②自产的产品发放给企业职工，视同销售行为，确认销售收入，需要按照售价计算增值税销项税额，如图 5-26、5-27 所示。

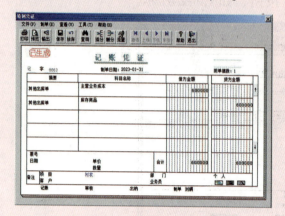

图5-26　其他出库单凭证2　　　　　　图5-27　其他出库单凭证3

③外购材料赠送给其他单位，需按原材料金额计算增值税销项税额，如图 5-28 所示。

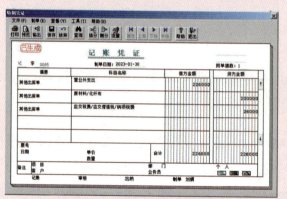

图5-28　其他出库单凭证4

④外购材料发放给企业职工，需按原材料金额计算增值税，做进项税额转出，如图 5-29 所示。

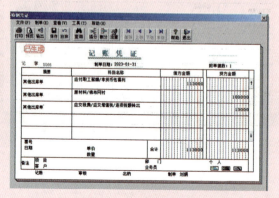

图5-29　其他出库单凭证5

工作领域六
期末处理

"期末处理"工作领域主要是企业当期经营的各模块数据的总结与整理。期末处理的规则是先进行业务模块结账,然后财务部分结账,最后总账模块结账。本书中主要介绍业务模块的结账工作,具体流程为采购与销售模块先进行月末结账,然后是库存模块进行月末结账,最后由核算模块先进行月末处理,再进行月末结账。主要工作任务包括采购与应付管理月末结账、销售与应收管理月末结账、库存管理月末结账和核算模块的月末处理与月末结账等。

该工作领域具体任务包括:根据企业的财务核算制度规定,在业务财务一体化信息化管理系统中先对采购与应付管理模块、销售与应收管理模块进行月末结账,然后对库存管理月末结账,最后完成核算模块的月末处理与月末结账工作。

学习目标

【知识目标】

1.了解采购、销售、库存及核算各模块期末处理的作用。

2.熟悉采购、销售、库存及核算各模块期末处理的流程。

【技能目标】

1.能够规范、准确地掌握采购、销售、库存及核算各模块期末处理的操作。

2.培养学生能够根据实际问题独立思考,具备各模块期末处理的软件处理能力,胜任基于业财一体化软件的期末处理工作。

【素养目标】

1.培养认真细致、严谨务实的职业意识和良好的职业习惯。

2.引导学生做到爱岗敬业、诚实守信、廉洁自律、坚持准则。

【素养小课堂】

某企业在年末与债权债务单位进行往来账的核对时,发现公司欠对方公司会议费3 000

元，会计人员未在企业的账目中发现相关业务。后来查明了事情的原委：销售总监参加了一个营销会议，参会回来进行费用报销时，将会议费与其他差旅费一并报销了。通过典型案例，来引导学生明确社会主义核心价值观，从而进一步明确会计职业道德规范的主要内容，包括爱岗敬业、诚实守信、廉洁自律、客观公正、坚持准则、提高技能、参与管理和强化服务。会计信息质量要求的可靠性要求企业应当以实际发生的交易或者事项为依据进行确认、计量和报告，如实反映符合确认和计量要求的会计要素及其他相关信息，保证会计信息真实可靠、内容完整。

工作任务　各模块期末处理

任务情境

鲁星纺织有限公司已全面运行业财一体化的软件，现在企业要进行采购、销售、库存和核算模块的期末处理，按照操作员的职能权限在T3软件中完成相应的期末处理。具体工作任务如下：

1.采购与应付模块期末处理

2023年1月31日，对采购与应付模块结账。

2.销售与应收模块期末处理

2023年1月31日，对销售与应收模块结账。

3.库存管理模块期末处理

2023年1月31日，对库存管理模块结账。

4.核算模块期末处理

2023年1月31日，对核算模块结账。

根据公司实际业务，请在软件中帮助会计人员完成采购、销售、库存和核算模块的期末处理，实现业务财务一体化的管理目标。

知识链接

一、采购与应付管理期末处理

采购与应付模块期末处理主要是指期末结账，即是将当月的单据数据封存。结账后不允许再对该会计期间的采购单据进行增加、修改、删除处理。

二、销售与应收管理期末处理

销售与应收模块期末处理主要是指期末结账，即是将当月的单据数据封存。结账后不允许再对该会计期间的销售单据进行增加、修改、删除处理。

三、库存管理期末处理

库存管理模块期末处理主要是指期末结账，即是将当月的库存单据数据封存，并将当月的出入库情况记入有关账表中。结账后不允许再对该会计期间的库存单据进行处理。库存模块期末处理之前，要先对采购与应付模块、销售与应收模块进行期末处理。

四、核算模块期末结账

核算模块的期末结账主要包括月末处理与月末结账两部分。

1.月末处理

当核算模块当期业务全部完成后，先进行月末处理，主要是对仓库进行月末处理。系统会根据存货的计价方式，计算出各种存货的全月加权平均单价以及本月存货出库的总成本。

2.月末结账

核算模块月末处理后，要进行当月的月末结账。核算模块必须在采购与应付模块、销售与应收模块、库存管理模块结账后，才能进行月末结账。即购销存各模块的结账顺序为：采购与应付模块→销售与应收模块→库存管理模块→核算模块。

工作步骤

以账套主管孙丽的身份登录信息门户。输入如下信息：操作员"LX01"，密码"空"，账套"666鲁星纺织"，会计年度"2023"，日期"2023-01-31"。

一、采购与应付模块期末处理

执行"采购→月末结账"命令，单击选中1月，单击"结账"按钮，提示结账成功，如图6-1所示。单击"确定"按钮，在1月栏中显示"已结账"。

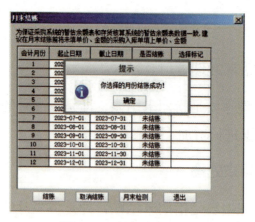

图6-1　采购月末结账

二、销售与应收模块期末处理

执行"销售→月末结账"命令，单击选中1月，单击"结账"按钮，提示结账成功，单击"确定"按钮，在1月"是否结账"栏中显示"是"，如图6-2所示。

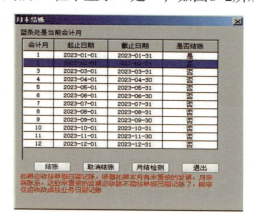

图6-2　销售月末结账

三、库存管理模块期末处理

（1）执行"库存→月末结账"命令，在选择标记栏中单击选中1月。

（2）单击"结账"按钮，提示结账成功，单击"确定"按钮。在1月"已经结账"栏中显示"是"，如图6-3所示。

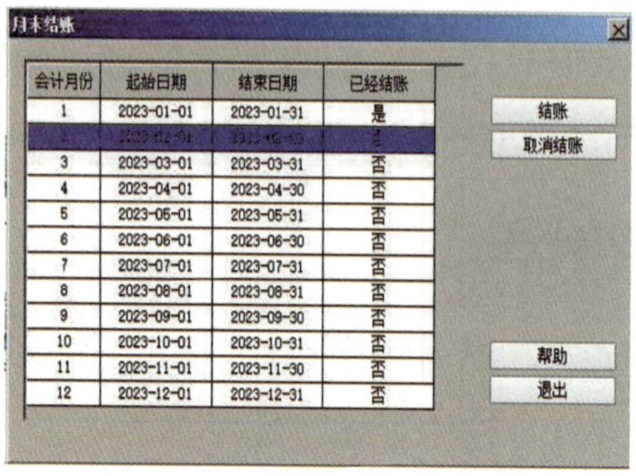

图6-3　库存月末结账

四、核算模块期末结账

1.月末处理

执行"核算→月末处理"命令，打开"月末处理"对话框，单击"全选"按钮，单击"确定"按钮，弹出提示对话框。单击"确定"按钮，提示期末处理完毕，如图6-4所示。单击"确定"按钮，再退出该窗口。

图6-4　核算月末处理

2.月末结账

（1）执行"核算→月末结账"命令，打开"月末结账"窗口。

（2）单击"确定"按钮，提示结账成功，再退出该窗口，如图6-5所示。

图6-5　核算月末结账成功提示

参考文献

1.曾玲芳，苏龙．会计电算化实务（供应链篇）［M］．长春：东北财经大学出版社，2013．

2.汪刚，姚洁．会计信息化实用教程［M］．北京：清华大学出版社，2022．

3.孙莲香．财务业务一体化技能实训教程［M］．北京：清华大学出版社，2012．

《会计信息化实务（购销存篇）》

工作任务页

班级：_____

姓名：_____

学号：_____

北京理工大学出版社

BEIJING INSTITUTE OF TECHNOLOGY PRESS

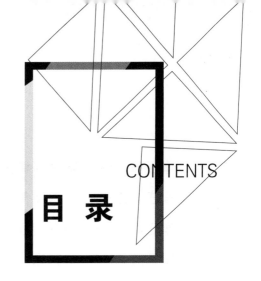

CONTENTS

目 录

工作任务 1——用户与权限设置

工作任务	用户与权限设置	建议学时	2 学时
任务分析	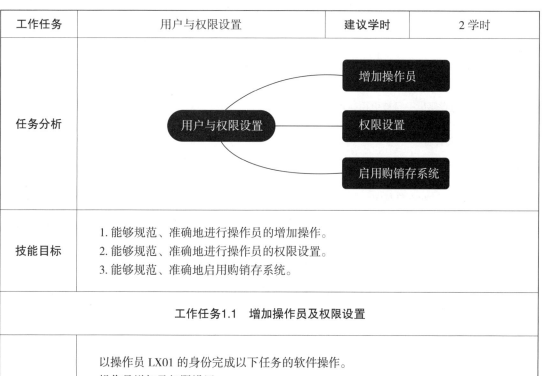		
技能目标	1.能够规范、准确地进行操作员的增加操作。 2.能够规范、准确地进行操作员的权限设置。 3.能够规范、准确地启用购销存系统。		

工作任务1.1　增加操作员及权限设置

任务描述	以操作员 LX01 的身份完成以下任务的软件操作。 操作员增加及权限设置：

<table>
<tr><th>编号</th><th>姓名</th><th>部门</th><th>职责</th><th>拥有权限模块</th></tr>
<tr><td>LX04</td><td>王宏</td><td>财务部</td><td>负责企业的采购工作</td><td>公共目录设置、采购、应付、库存及核算</td></tr>
<tr><td>LX05</td><td>周静</td><td>财务部</td><td>负责企业的销售工作</td><td>公共目录设置、销售、应收、库存及核算</td></tr>
<tr><td>LX06</td><td>刘娟</td><td>财务部</td><td>负责管理材料收发、产品入库等库存工作</td><td>公共目录设置、库存及核算</td></tr>
</table>

👥 **任务实施**

1. 操作员增加

（1）以 _____ 身份进入用友 T3 软件"系统管理"，执行"_____"命令，进入"操作员管理"窗口。

（2）单击"_____"按钮，打开"增加操作员"对话框。

（3）根据工作任务提示的资料输入操作员信息，单击"_____"按钮，提示"添加成功"。再单击"增加"按钮，增加下一位操作员，全部完成后，单击"退出"按钮返回。

增加操作员

注意：

（1）系统管理员进行操作员增加操作。

（2）操作员编号必须唯一。

（3）设置的操作员一旦被引用，不能修改和删除。

2. 操作员权限设置

（1）在"系统管理"窗口，执行"_____"命令，进入"操作员权限"窗口。

（2）选择账套"666 鲁星纺织"，年度为"2023 年度"，选择操作员为"王宏"。单击工具栏中的"_____"按钮，打开"增加权限"对话框，_____击选择"公共目录设置""采购与应付管理""购销存"权限。

（3）单击"确定"按钮。同理，设置其他操作员的操作权限。

权限设置

工作任务1.2 启用购销存系统

任务描述	以操作员 LX01 的身份完成以下任务的软件操作： 由账套主管孙丽（编号：LX01）启用购销存系统，启用日期为 2023 年 01 月 01 日。

👥 **任务实施**

注意：

在建立账套后，可立即启用要使用的模块。在此也可以不启用，当需要使用某个模块时，可以账套主管身份注册系统管理，启用该模块。

启用购销存系统

以 _____ 的身份登录，在"系统管理"窗口，执行"_____"命令，进入"系统启用"窗口，勾选"_____""_____"复选框，弹出"日历"对话框，选择日期"_____"。

启用购销存系统

工作任务 2——企业基础档案设置

工作任务	企业基础档案设置		建议学时	4 学时
任务分析	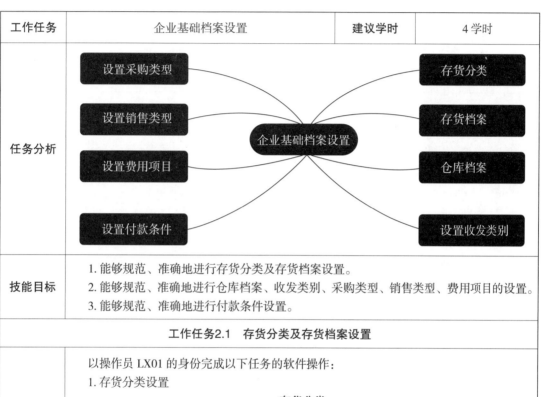			
技能目标	1. 能够规范、准确地进行存货分类及存货档案设置。 2. 能够规范、准确地进行仓库档案、收发类别、采购类型、销售类型、费用项目的设置。 3. 能够规范、准确地进行付款条件设置。			
	工作任务2.1　存货分类及存货档案设置			
任务描述	以操作员 LX01 的身份完成以下任务的软件操作： 1. 存货分类设置			

存货分类

存货类别编码	存货类别名称
01	原材料
02	库存商品
03	应税劳务

2. 存货档案设置

存货档案

存货编号	存货名称	计量单位	存货属性	税率	存货分类
Y001	棉布网衬	米	外购、生产耗用	13%	01
Y002	化纤布	米	外购、生产耗用	13%	01
K001	衬衣	件	自制、销售	13%	02
K002	运动服	套	自制、销售	13%	02
L001	运费	次	劳务费用	9%	03

任务实施

1. 存货分类设置

（1）以操作员 _____ 身份进入用友 T3 软件"信息门户"，单击 _____ 菜单，执行"_____"命令，打开"存货分类"窗口。

（2）在"存货分类"窗口中，单击"_____"按钮。

（3）输入"_____"和"_____"相关信息。

（4）单击"_____"按钮。

存货分类

2. 存货档案设置

（1）以操作员 _____ 身份进入用友 T3 软件"信息门户"，单击 _____ 菜单，执行"_____"命令，打开"存货档案卡片"窗口。

（2）在"存货档案卡片"窗口中，单击选中"_____"。

（3）单击"_____"按钮，打开"增加存货档案"对话框。按资料输入存货档案信息。

（4）单击"_____"按钮。同理，增加其他存货档案信息。

存货档案

注意：

①在企业日常购销业务中，除了常见的存货分类"原材料""库存商品"外，经常会发生一些劳务费用，如运输费、装卸费等，这些费用也是构成企业存货成本的一个组成部分。为了能够正确反映和核算这些劳务费用，一般在存货分类中单独设置一类，如"应税劳务"或"劳务费用"。

②存货档案主要设置存货的基本信息，包括存货编码、存货代码、存货名称、规格型号、计量单位、所属分类、存货属性、税率等。其中，设置存货属性的目的是在购销存填制单据时缩小参照范围。

工作任务2.2　购销存其他基础档案设置

任务描述	以操作员 LX01 的身份完成以下任务的软件操作： 1. 仓库档案设置 **仓库档案** 2. 收发类别设置 入库类别"11 采购入库"；出库类别"21 销售出库"。 3. 采购类型设置 **采购类型**

仓库档案

仓库编码	仓库名称	所属部门	计价方式
1	原材料库	仓储部	先进先出法
2	产成品库	仓储部	先进先出法

采购类型

采购类型编码	采购类型名称	入库类别	是否默认值
00	普通采购	采购入库	是

续表

任务描述	4. 销售类型设置

销售类型

销售类型编码	销售类型名称	出库类别	是否默认值
00	普通销售	销售出库	是

5. 费用项目设置

费用项目

费用项目编号	费用项目名称
01	运输费

任务实施

1. 仓库档案设置

（1）以操作员 ＿＿＿＿＿＿ 身份进入用友 T3 软件"信息门户"，单击 ＿＿＿＿＿＿ 菜单，执行"＿＿＿＿＿＿＿＿"命令，打开"仓库档案"窗口。

（2）在"仓库档案"窗口中，单击"＿＿＿＿"按钮。

（3）输入"＿＿＿＿＿＿""＿＿＿＿＿＿""＿＿＿＿＿＿""＿＿＿＿＿＿＿"。

（4）单击"＿＿＿＿＿＿"按钮。

仓库档案

2. 收发类别设置

（1）以操作员 ＿＿＿＿＿＿ 身份进入用友 T3 软件"信息门户"，单击 ＿＿＿＿＿＿ 菜单，执行"＿＿＿＿＿＿＿＿＿"命令，打开"收发类别"窗口。

（2）在"收发类别"窗口中，单击"＿＿＿＿＿＿"按钮，可输入新的收发类别。对于本工作任务要求设置的收发类别，系统已经预置好。

收发类别

3. 采购类型设置

（1）以操作员 ＿＿＿＿＿＿ 身份进入用友 T3 软件"信息门户"，单击 ＿＿＿＿＿＿ 菜单，执行"＿＿＿＿＿＿＿＿＿"命令，打开"采购类型"窗口。

（2）在"采购类型"窗口中，单击"＿＿＿＿＿＿"按钮，可输入新的采购类型。对于本工作任务要求设置的采购类型，系统已经预置好。

采购类型

4. 销售类型设置

（1）以操作员 ＿＿＿＿＿＿ 身份进入用友 T3 软件"信息门户"，单击 ＿＿＿＿＿＿ 菜单，执行"＿＿＿＿＿＿＿＿＿"命令，打开"销售类型"窗口。

（2）在"销售类型"窗口中，单击"＿＿＿＿＿＿"按钮，可输入新的销售类型。对于本工作任务要求设置的销售类型，系统已经预置好。

销售类型

5. 费用项目设置

（1）以操作员 ＿＿＿＿＿＿ 身份进入用友 T3 软件"信息门户"，单击 ＿＿＿＿＿＿ 菜单，执行"＿＿＿＿＿＿＿＿＿"命令，打开"费用项目"窗口。

（2）单击"＿＿＿＿＿＿"按钮，根据任务要求设置费用项目。

费用项目

续表

工作任务2.3　收发结算档案设置	

任务描述	以操作员 LX01 的身份完成以下任务的软件操作： 付款条件设置： **付款条件** <table><tr><td>编号</td><td>付款条件</td></tr><tr><td>01</td><td>2/10，1/20，n/30</td></tr></table>

👥 **任务实施**

付款条件设置

（1）以操作员 _____ 身份进入用友 T3 软件"信息门户"，单击 _____ 菜单，执行" _____ "命令，打开"付款条件"窗口。

（2）单击" _____ "按钮，按照要求输入付款条件。

付款条件

注意：

付款条件设置时，需要输入信用天数、优惠天数、优惠率等信息后系统自动形成，通常可表示为"2/10，1/20，n/30"，意思是客户在 10 天内偿还货款可以得到 2% 的折扣；在 20 天内偿还货款，可以得到 1% 的折扣；在 30 天以后偿还货款需要全额支付货款（其中，"30"为信用天数；"10"为优惠天数 1；"20"为优惠天数 2；"2"为优惠率 1；"1"为优惠率 2）。

工作任务 3——购销存期初数据录入

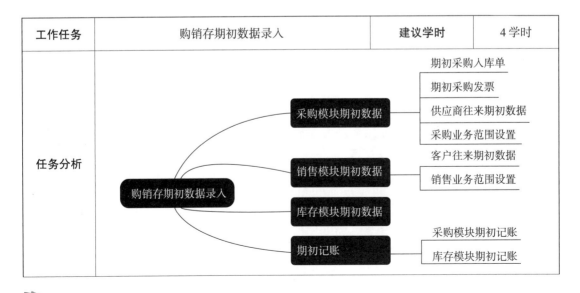

工作任务	购销存期初数据录入	建议学时	4 学时
任务分析			

续表

技能目标	1. 能够规范、准确地进行采购与应付管理系统期初数据的录入与设置。 2. 能够规范、准确地进行销售与应收管理系统期初数据的录入与设置。 3. 能够规范、准确地进行库存管理系统期初数据的录入。 4. 能够规范、准确地进行购销存子系统期初记账操作。

工作任务3.1　采购与应付管理系统期初数据录入与设置

任务描述	以操作员 LX01 的身份完成以下业务的软件操作： 1. 期初采购入库单录入 2022 年 12 月 28 日，从鲁顺轻纺有限公司采购的化纤布 1 000 米，暂估单价为 20 元，商品验收入原料库，发票尚未收到。 2. 期初采购发票录入 2022 年 12 月 20 日，从欣欣棉纺有限公司购入棉布网衬 5 000 米，无税单价 10 元，取得增值税专用发票，商品尚未验收入库，发票号为：68954254。 3. 供应商往来期初数据录入

发票号	开票日期	供应商	部门名称	科目编码	存货名称	数量／米	单价／元	金额／元	票据类型
68902164	2022−12−12	鲁顺轻纺	采购部	220231	棉布网衬	1 500	10	16 950	专用发票
68928456	2022−11−25	欣欣棉纺	采购部	220231	化纤布	3 000	20	67 800	普通发票

业务日期	供应商	部门名称	科目编码	金额／元	票据类型
2022−12−25	兴达纺织	采购部	220231	56 500	应付单
2022−11−16	欣欣棉纺	采购部	1123	10 000	预付单

4. 采购业务范围设置：显示现金折扣

 任务实施

1. 期初采购入库单录入

（1）以操作员 _____ 身份进入用友 T3 软件"信息门户"，单击 _____ 模块，打开模块菜单，执行 _____ 命令，打开"期初采购入库单"窗口。

（2）单击"_____"按钮，在表头中输入或选择"_____""_____""_____""_____""_____"等相关信息。

（3）在表体中输入或选择"_____""_____""_____"等相关信息。

（4）单击"_____"按钮。

期初采购入库单录入

注意：

在本会计期间之前，货物已到达企业并验收入库，但没有取得相应供应商开具的采购发票，即采购暂估入库业务，对于这类业务一般进行期初采购入库单录入。

续表

2. 期初采购发票录入	
（1）以操作员 _____ 身份进入用友T3软件"信息门户"，单击 _____ 模块，打开模块菜单，执行 _____ 命令，打开"期初采购发票"窗口。 （2）单击"_____"按钮，选择"_____"类型，在表头中输入或选择"_____""_____""_____""_____""_____""_____"等相关信息。 （3）在表体中输入或选择存货"_____""_____"等相关信息。 （4）单击"_____"按钮。	 期初采购发票录入
注意： 在本会计期间之前，购买货物时已经取得供应商开具的采购发票，但货物没有验收入库，即在途业务，对于这类业务，一般进行期初采购发票录入。录入时，注意选择正确的采购发票类型。	
3. 供应商往来期初数据录入 **注意：** 供应商往来期初数据录入票据类型主要包括采购发票（专用发票和普通发票）、应付单和预付款。	
票据类型：采购发票 （1）以操作员 _____ 身份进入用友T3软件"信息门户"，单击 _____ 模块，打开模块菜单，执行 _____ 命令，打开"期初余额—查询"对话框。单击"确定"按钮，进入"期初余额明细表"窗口。 （2）单击"_____"按钮，打开"单据类别"，对话框，根据工作任务信息，选择单据名称"_____"，单据类型"_____ 或 _____"。 （3）单击"确定"按钮，进入"采购专用发票"或"采购普通发票"窗口。根据工作任务要求输入发票信息。输入的信息与期初采购发票相似，不再赘述。 （4）单击"_____"按钮。	
票据类型：应付单与预付款 （1）在"期初余额明细表"窗口，单击"_____"按钮，打开"单据类别"对话框，根据工作任务信息，选择单据名称"_____ 或 _____"，单据类型"_____ 或 _____"。 （2）单击"确定"按钮，进入"其他应付单期初"或"预付款期初"窗口。根据工作任务要求输入相关信息。 （3）单击"_____"按钮。	供应商往来期初数据录入
4. 采购业务范围设置	
以操作员 _____ 身份进入用友T3软件"信息门户"，单击 _____ 模块，打开模块菜单，执行 _____ 命令，打开"采购业务范围设置"对话框，在"应付参数"设置页签，选择"_____"复选框，单击"_____"按钮。	采购业务范围设置

续表

工作任务3.2　销售与应收管理系统期初数据录入与设置

任务描述	以操作员 LX01 的身份完成以下业务的软件操作： 1. 客户往来期初数据录入

发票号	开票日期	客户	部门名称	科目编码	存货名称	数量/米	单价/元	金额/元	票据类型
25783378	2022–10–05	济南宏达	销售部	1121	衬衣	2 000	100	226 000	专用发票
34008982	2022–12–02	淄博长江	销售部	1122	运动服	1 500	226	339 000	普通发票

业务日期	客户	部门名称	科目编码	金额/元	票据类型
2022–11–17	青岛顺峰	销售部	1122	237 300	应收单
2022–12–16	济南宏达	销售部	2203	5 000	预收单

2. 销售业务范围设置：显示现金折扣

 任务实施

1. 客户往来期初数据录入

注意：客户往来期初数据录入票据类型主要包括销售发票（专用发票和普通发票）、应收单和预收单。

票据类型：销售发票

（1）以操作员 _____ 身份进入用友 T3 软件"信息门户"，单击 _____ 模块，打开模块菜单，执行 _____ 命令，打开"期初余额—查询"对话框。单击"确定"按钮，进入"期初余额明细表"窗口。

（2）单击" _____ "按钮，打开"单据类别"对话框，根据工作任务信息，选择单据名称" _____ "，单据类型" _____ 或 _____ "。

（3）单击"确定"按钮，进入"销售专用发票"或"销售普通发票"窗口。根据工作任务要求输入发票信息，单击" _____ "按钮。

客户往来期初数据录入

票据类型：应收单与预收单

（1）在"期初余额明细表"窗口，单击" _____ "按钮，打开"单据类别"对话框，根据工作任务信息，选择单据名称" _____ 或 _____ "，单据类型" _____ 或 _____ "。

（2）单击"确定"按钮，进入"其他应收单期初"或"预收款期初"窗口。根据工作任务要求输入相关信息。单击" _____ "按钮。

2. 销售业务范围设置

以操作员 _____ 身份进入用友 T3 软件"信息门户"，单击 _____ 模块，打开模块菜单，执行 _____ 命令，打开"销售业务范围设置"对话框，在"应收参数"设置页签，选择" _____ "复选框，单击" _____ "按钮。

销售业务范围设置

工作任务3.3 库存管理系统期初数据录入

| 任务描述 | 以操作员 LX01 的身份完成以下业务的软件操作：
库存模块期初数据：
2022 年 12 月 31 日，对各个仓库进行了盘点，结果如下。 |

仓库名称	存货编码	存货名称	数量/米	单价/元	金额/元	小计/元
原材料库	Y001	棉布网衬	5 000	10	50 000	150 000
原材料库	Y002	化纤布	5 000	20	100 000	
产成品库	K001	衬衣	5 000	60	300 000	1 200 000
产成品库	K002	运动服	9 000	100	900 000	
合计						1 350 000

任务实施

库存期初数据录入

（1）以操作员 _____ 身份进入用友 T3 软件"信息门户"，单击 _____ 模块，打开模块菜单，执行 _____ 命令，打开"期初余额"窗口。

（2）根据工作任务信息，选择"_____"。单击"_____"按钮，根据工作任务要求分别输入原材料库和产成品库期初库存数据，单击"_____"按钮。

库存期初数据录入

工作任务3.4 购销存各子系统期初记账

| 任务描述 | 以操作员 LX01 的身份完成以下业务的软件操作：
采购、库存模块完成期初记账。 |

任务实施

购销存各子系统期初记账

注意：购销存子系统只有采购与库存子系统需要期初记账，记账的顺序为：先采购后库存。

采购系统期初记账

以操作员 _____ 身份进入用友 T3 软件"信息门户"，单击 _____ 模块，打开模块菜单，执行 _____ 命令，弹出"期初记账"信息提示框。单击"_____"按钮，期初记账完毕。

采购与库存期初记账

续表

库存系统期初记账

以操作员 ＿＿＿＿ 身份进入用友 T3 软件"信息门户"，单击 ＿＿＿＿ 模块，打开模块菜单，执行 ＿＿＿＿＿＿＿＿ 命令，弹出"期初记账"信息提示框。单击"＿＿＿＿"按钮，期初记账完毕。

工作任务 4——基础科目设置

工作任务	基础科目设置	建议学时	2 学时
任务分析	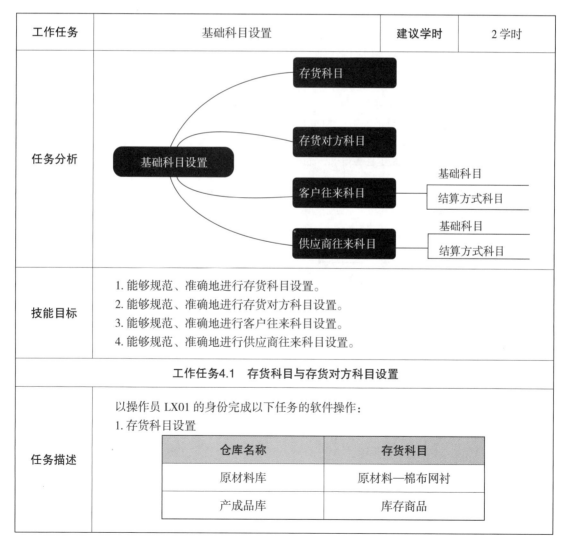		
技能目标	1. 能够规范、准确地进行存货科目设置。 2. 能够规范、准确地进行存货对方科目设置。 3. 能够规范、准确地进行客户往来科目设置。 4. 能够规范、准确地进行供应商往来科目设置。		
	工作任务4.1 存货科目与存货对方科目设置		
任务描述	以操作员 LX01 的身份完成以下任务的软件操作： 1. 存货科目设置		

仓库名称	存货科目
原材料库	原材料—棉布网衬
产成品库	库存商品

续表

任务描述	2.存货对方科目设置	

类别编码	类别名称	存货对方科目
11	采购入库	在途物资
21	销售出库	主营业务成本

 任务实施

存货科目与存货对方科目

1.存货科目设置

（1）以操作员 ＿＿＿＿＿ 身份进入用友 T3 软件"信息门户"，单击 ＿＿＿＿＿ 模块，打开模块菜单，执行 ＿＿＿＿＿＿＿＿ 命令，打开"存货科目"窗口。

（2）单击"＿＿＿＿＿"按钮，根据任务要求，输入存货科目。单击"＿＿＿＿＿"按钮。

2.存货对方科目设置

（1）以操作员 ＿＿＿＿＿ 身份进入用友 T3 软件"信息门户"，单击 ＿＿＿＿＿ 模块，打开模块菜单，执行 ＿＿＿＿＿＿＿＿ 命令，打开"存货对方科目"窗口。

2.单击"＿＿＿＿＿"按钮，根据任务要求，输入存货对方科目。

工作任务4.2　客户往来科目设置

任务描述	以操作员 LX01 的身份完成以下任务的软件操作： 1.客户往来基础科目

往来项目	核算科目
应收科目	应收账款
销售收入科目	主营业务收入
应交增值税科目	应交税费—应交增值税（销项税额）
销售退回科目	主营业务收入
预收科目	预收账款
现金折扣科目	财务费用—现金折扣

任务描述	2. 客户往来结算方式科目		

结算方式编码	结算方式名称	核算科目
1	现金	库存现金
201	现金支票	银行存款—建设银行
202	转账支票	银行存款—建设银行
3	汇兑	银行存款—建设银行

 任务实施

客户往来科目

客户往来基本科目设置

以操作员 ＿＿＿＿＿＿ 身份进入用友 T3 软件"信息门户"，单击 ＿＿＿＿＿＿ 模块，打开模块菜单，执行 ＿＿＿＿＿＿＿＿＿ 命令，打开"客户往来科目设置"窗口。根据任务要求，输入基本科目。

客户往来结算方式科目

在"客户往来科目设置"窗口，单击"＿＿＿＿＿＿＿＿＿"按钮，根据任务要求，输入相应的结算方式科目。

工作任务4.3 供应商往来科目设置

任务描述	以操作员 LX01 的身份完成以下任务的软件操作： 1. 供应商往来基础科目	

往来项目	核算科目
应付科目	应付账款—货款
采购科目	在途物资
采购税金科目	应交税费—应交增值税（进项税额）
预付科目	预付账款
现金折扣科目	财务费用—现金折扣

续表

任务描述	2. 供应商往来结算方式科目		
	结算方式编码	结算方式名称	核算科目
	1	现金	库存现金
	201	现金支票	银行存款—建设银行
	202	转账支票	银行存款—建设银行
	3	汇兑	银行存款—建设银行
	4	其他	银行存款—建设银行

 任务实施

供应商往来科目

供应商往来基本科目设置

以操作员 _____ 身份进入用友 T3 软件"信息门户"，单击 _____ 模块，打开模块菜单，执行 _____ 命令，打开"供应商往来科目设置"窗口。根据任务要求，输入基本科目。

供应商往来结算方式科目

在"供应商往来科目设置"窗口，单击"_____"按钮，根据任务要求，输入相应的结算方式科目。

工作任务5——普通采购业务处理

工作任务	普通采购业务处理	建议学时	4 学时
任务分析	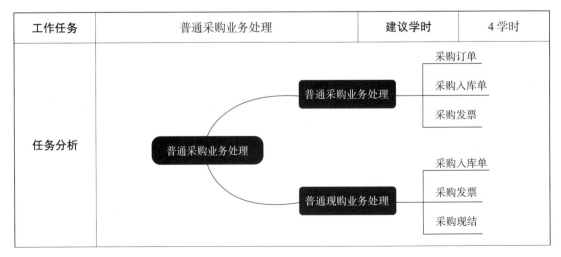		

续表

技能目标	1. 能够规范、准确地进行采购订单的填制与审核。 2. 能够规范、准确地进行采购入库单的填制与审核。 3. 能够规范、准确地进行采购发票的填制与复核。 4. 能够规范、准确地进行采购结算与采购现付。 5. 能够规范、准确地进行供应商往来制单与购销单据制单。
	工作任务5.1　普通赊购业务处理
任务描述	以操作员 LX04 的身份完成以下业务的软件操作： 2023 年 1 月 2 日，采购部与鲁顺轻纺有限公司签订采购合同，预订购棉布网衬 1 000 米，单价 15 元。 2023 年 1 月 2 日，从鲁顺轻纺有限公司采购的棉布网衬验收入原料库，数量 1 000 米，单价 15 元。 2023 年 1 月 2 日，收到从鲁顺轻纺有限公司采购棉布网衬的增值税专用发票一张，数量 1 000 米，单价 15 元，增值税税率 13%。

👥 **任务实施**

普通赊购业务

---

1. 采购订单填制与审核

（1）以操作员 _____ 身份进入用友 T3 软件"信息门户"，单击 _____ 模块，打开模块菜单，选择 _____ 命令，打开"采购订单"窗口。

（2）在"采购订单"窗口中，需单击 _____ 按钮后，根据工作任务填写 _____、_____、_____、_____ 等相关信息，检查无误后，先后单击 _____、_____ 按钮。

---

2. 采购入库单填制

（1）在采购模块菜单中，选择 _____ 命令，打开"采购入库单"窗口。

（2）在"采购入库单"窗口中，需单击 _____ 按钮后，根据工作任务填写 _____、_____、_____、_____ 等相关信息，检查无误后，先后单击 _____ 按钮。

（3）采购入库单也可以根据审核后的采购订单流转生成。具体操作：在"采购订单"窗口中，单击"流转"按钮，选择 _____ 命令。

---

3. 采购发票填制与复核

（1）在采购模块菜单中，选择 _____ 命令，打开"采购发票"窗口。

（2）根据工作任务，在"采购发票"窗口中，单击 _____ 按钮，选择 _____，并填写 _____、_____、_____、_____ 等相关信息，检查无误后，先单击 _____，后单击 _____ 按钮。

（3）采购入库单也可以根据审核后的采购订单或采购入库单流转生成。具体操作：在"采购订单"或"采购入库单"窗口中，单击"流转"按钮，选择 _____ 命令。

续表

4. 采购结算	
在采购模块菜单中，选择 _____ 中的 _____ 命令，先进行"条件输入"窗口的确认，进入"入库单和发票"窗口，选择对应的入库单和发票，单击"确认"按钮后，打开"手工结算"窗口，单击 _____ 按钮。	
5. 采购入库单审核	
采购入库单审核在 _____ 模块完成。具体操作：单击 _____ 模块，打开模块菜单，选择 _____ 命令，打开"采购入库单审核"窗口，找到需要审核的入库单，单击"____"按钮。	
6. 正常单据记账	
在 _____ 模块菜单中，选择 _____ 中的 _____ 命令，打开"正常单据记账"窗口，选择对应入库单，单击 _____ 按钮。	
7. 制单 需要注意：普通赊购业务需要生成两张凭证：一是根据发票制单；二是根据入库单制单。	
发票制单 （1）在 _____ 模块菜单中，选择 _____ 中的 _____ 命令，打开"供应商制单查询"窗口，选择 _____ 条件。单击"确定"按钮。 （2）选择"专用发票"行，单击"____"按钮，进入"填制凭证"窗口，检查无误后，单击"____"按钮，生成采购发票凭证。	
入库单制单 （1）在 _____ 模块菜单中，选择 _____ 中的 _____ 命令，打开"生成凭证"窗口，单击 _____ 按钮，选择 _____ 选项，单击"确定"按钮。 （2）选择"采购入库单"行，单击"____"按钮，进入"生成凭证"窗口，单击"生成"按钮，进入"填制凭证"窗口，单击"____"按钮，生成采购入库单凭证。	

工作任务5.2　普通现购业务处理

任务描述	以操作员 LX04 的身份完成以下业务的软件操作： 2023 年 1 月 3 日，从兴达纺织有限公司采购的化纤布验收入原料库，数量 1 000 米，单价 25 元。 2023 年 1 月 3 日，收到从兴达纺织有限公司采购化纤布的增值税专用发票一张，数量 1 000 米，单价 25 元，增值税率 13%。同日，企业开出一张转账支票支付上述货款。

👥 **任务实施**

需要注意：普通现购业务与普通赊购业务操作类似，如采购订单填制与审核、采购入库单填制与审核、正常单据记账等操作。以下只重点强调不同操作。

普通现购业务

续表

1. 采购发票填制、现付与复核
在采购模块填写 / 流转生成采购发票，根据工作任务内容填写相关信息，检查无误后，先单击 _____ 按钮，再单击 _____ 按钮，最后单击 _____ 按钮。
2. 采购发票制单（现结制单）
在核算模块菜单中，选择"凭证"命令中的"供应商往来制单"命令，打开"供应商制单查询"窗口，选择 _____ 条件，单击"确定"按钮。

工作任务 6——付款核销业务处理

工作任务	付款核销业务处理	建议学时	4 学时
任务分析	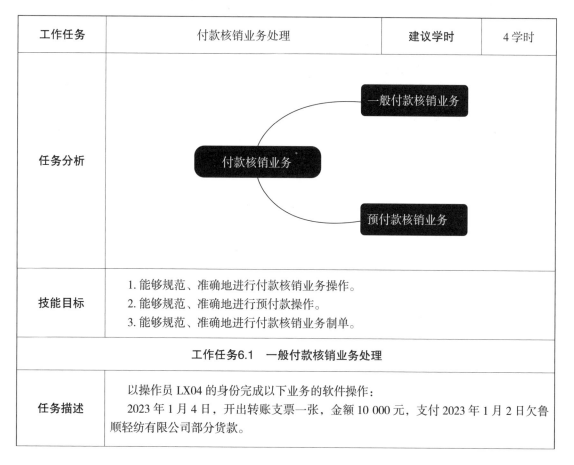		
技能目标	1. 能够规范、准确地进行付款核销业务操作。 2. 能够规范、准确地进行预付款操作。 3. 能够规范、准确地进行付款核销业务制单。		
	工作任务6.1　一般付款核销业务处理		
任务描述	以操作员 LX04 的身份完成以下业务的软件操作： 2023 年 1 月 4 日，开出转账支票一张，金额 10 000 元，支付 2023 年 1 月 2 日欠鲁顺轻纺有限公司部分货款。		

任务实施

付款核销业务

---

1. 填制付款单

（1）以操作员 _____ 身份进入用友 T3 软件"信息门户"，单击 _____ 模块。

（2）在"采购"模块中，选择 _____ 命令，进入 _____ 窗口，根据工作任务填写 _____、_____、_____、_____ 等相关信息，检查无误后，单击 _____ 按钮。

---

2. 付款核销

在付款单窗口中，单击 _____ 按钮，输入 _____，对单据进行核销，单击保存按钮。

---

3. 核销制单

在 _____ 模块中，选择 _____ 命令，选择 _____。单击要制单的 _____，单击 _____ 按钮，生成记账凭证，检查无误后，单击 _____ 按钮，再单击"退出"按钮。

工作任务6.2　预付款核销业务处理

任务描述	以操作员 LX04 的身份完成以下业务的软件操作： 2023 年 1 月 6 日，通过网上银行向兴达纺织有限公司预付货款 5 000 元。

任务实施

预付款核销业务

---

1. 填制付款单

（1）以操作员 _____ 身份进入用友 T3 软件"信息门户"，单击 _____ 模块。

（2）在"采购"模块中，选择 _____ 命令，进入 _____ 窗口，根据工作任务填写 _____、_____、_____、_____ 等相关信息，检查无误后，先后单击 _____ 按钮。

---

2. 预付处理

在付款单窗口中，单击 _____ 按钮，对单据进行 _____ 处理，再单击"退出"按钮退出。

---

3. 核销制单

在 _____ 模块中，选择 _____ 命令，选择 _____。单击要制单的 _____，单击 _____ 命令，生成记账凭证，检查无误后，单击 _____ 按钮，再单击"退出"按钮。

工作任务 7——转账并账业务处理

工作任务	转账并账业务处理	建议学时	2 学时
任务分析			
技能目标	1.能够规范、准确地进行并账业务处理。 2.能够规范、准确地进行转账业务处理。 3.能够规范、准确地进行转账业务和并账业务制单。		
	工作任务7.1 应付冲应付并账业务处理		
任务描述	以操作员 LX04 的身份完成以下业务的软件操作： 2023年1月9日，应付鲁顺轻纺有限公司的货款 23 900 元，转入兴达纺织有限公司。		

👥 **任务实施**

应付冲应付并账业务

1.应付冲应付业务操作

（1）以操作员 _____ 身份进入用友 T3 软件"信息门户"，单击 _____ 模块，打开模块菜单，选择 _____ 命令，打开"_____"对话框。

（2）在"_____"和"_____"中分别选择相应的往来单位，单击 _____ 按钮后，输入 _____，检查无误后，单击 _____ 按钮。

2.应付冲应付制单（并账制单）

在 _____ 模块中，选择 _____ 命令，选择 _____，生成应付冲应付凭证。

续表

	工作任务7.2　预付冲应付转账业务处理
任务描述	以操作员 LX04 的身份完成以下业务的软件操作： 2023 年 1 月 10 日，预付兴达纺织有限公司的 2 000 元抵付期初应付兴达纺织有限公司 2 000 元。

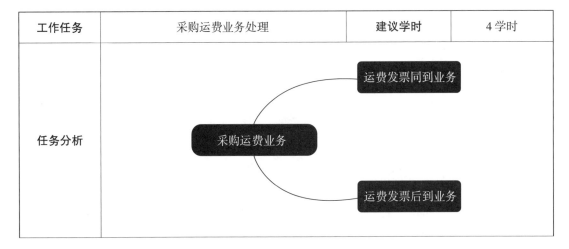

任务实施

预付冲应付转账业务

1.预付冲应付业务操作

（1）以操作员 _____ 身份进入用友T3软件"信息门户"，单击 _____ 模块，打开模块菜单，选择 _____ 命令，打开 "_____" 对话框。

（2）在 "_____" 页签中，选择相应的往来单位，单击 _____ 按钮后，输入 _____，在 "_____" 页签中，选择相应的往来单位，单击 _____ 按钮，输入 _____，检查无误后，单击 _____ 按钮。

2 预付冲应付制单（转账制单）

在 _____ 模块中，选择 _____ 命令，选择 _____，生成应付冲应付凭证。

工作任务8——特殊采购业务处理（一）

工作任务	采购运费业务处理	建议学时	4 学时
任务分析	采购运费业务 运费发票同到业务 运费发票后到业务		

续表

技能目标	1. 能够规范、准确地进行采购入库单的填制与审核。 2. 能够规范、准确地进行采购发票的填制与复核。 3. 能够规范、准确地进行采购结算与采购现付。 4. 能够规范、准确地进行供应商往来制单与购销单据制单。

工作任务8.1　运费发票同到业务处理

任务描述	以操作员 LX04 的身份完成以下业务的软件操作： 2023 年 1 月 5 日，从欣欣棉纺有限公司购入化纤布 2 000 米，单价 23 元；棉布网衬 1 000 米，单价 11 元，收到从欣欣棉纺有限公司采购化纤布和棉布网衬的增值税专用发票一张，材料验收入库，货款尚未支付。同时收到顺达快运公司运费专用发票一张，金额 300 元，税率 9%，运费使用现金支付（运费按数量进行分摊）。

 任务实施

采购运费发票同到业务

1. 采购入库单填制

（1）在采购模块菜单中，选择 _____ 命令，打开"采购入库单"窗口。

（2）在"采购入库单"窗口中，需单击 _____ 按钮后，根据工作任务填写 _____、_____、_____、_____ 等相关信息，检查无误后，先后单击 _____ 按钮。

2. 采购发票填制与复核

（1）在采购模块菜单中，选择 _____ 命令，打开"采购发票"窗口。

（2）根据工作任务，在"采购发票"窗口中，单击 _____ 按钮，选择 _____，并填写 _____、_____、_____、_____ 等相关信息，检查无误后，先单击 _____，后单击 _____ 按钮。

3. 采购运费发票的填制、现付与复核

（1）在采购模块菜单中，选择 _____ 命令，打开"采购发票"窗口。

（2）根据工作任务，在"采购发票"窗口中，单击 _____ 按钮，选择 _____，并填写 _____、_____、_____、_____ 等相关信息，检查无误后，先单击 _____，后单击 _____ 按钮。

4. 采购结算

在采购模块菜单中，选择 _____ 中的 _____ 命令，先进行"条件输入"窗口的确认，进入"入库单和发票"窗口，选择对应的入库单和发票，单击"确认"按钮后，打开"手工结算"窗口，对 _____、_____ 与相应的 _____ 进行结算，选择费用分摊方式"_____"，单击"_____"按钮，再单击"_____"按钮。

续表

5. 采购入库单审核
采购入库单审核在_____模块完成。具体操作：单击_____模块，打开模块菜单，选择_____命令，打开"采购入库单审核"窗口，找到需要审核的入库单，单击_____按钮。
6. 正常单据记账
在_____模块菜单中，选择_____中的_____命令，打开"正常单据记账"窗口，选择对应入库单，单击_____按钮。
7. 制单 需要注意：普通赊购业务需要生成三张凭证，分别是根据采购发票、运费发票进行供应商往来制单；根据入库单进行购销单据制单。
发票制单 （1）在_____模块菜单中，选择_____中的_____命令，打开"供应商制单查询"窗口，选择_____条件。单击"确定"按钮。 （2）选择"专用发票"行，单击_____按钮，进入"填制凭证"窗口，检查无误后，单击_____按钮，生成采购发票凭证。
运费发票制单（现结制单） （1）在_____模块菜单中，选择_____中的_____命令，打开"供应商制单查询"窗口，选择_____条件。单击"确定"按钮。 （2）选择"专用发票"行，单击_____按钮，进入"填制凭证"窗口，检查无误后，单击_____按钮，生成采购发票凭证。
入库单制单 （1）在_____模块菜单中，选择_____中的_____命令，打开"生成凭证"窗口，单击_____按钮，选择_____选项，单击"确定"按钮。 （2）选择"采购入库单"行，单击_____按钮，进入"生成凭证"窗口，单击"生成"按钮，进入"填制凭证"窗口，检查无误后，单击_____按钮，生成采购入库单凭证。

工作任务8.2　运费发票后到业务处理

任务描述	以操作员 LX04 的身份完成以下业务的软件操作： 2023 年 1 月 5 日，收到顺达快运公司开出的 2023 年 1 月 3 日从兴达纺织有限公司购入货物的运费专用发票，金额 300 元，税率 9%（运费按金额进行分摊）。

任务实施

需要注意：
运费发票后到业务与运费发票同到业务操作类似，以下只重点强调不同操作。

采购运费发票后到业务

续表

1. 暂估入库成本处理
在 _____ 模块菜单中，选择 _____ 中的 _____ 命令，打开"暂估成本处理记账"窗口，选择对应入库单，单击 _____ 按钮，系统将自动生成 _____（在 _____ 模块可以查看入库调整单）。
2. 入库调整单制单
在 _____ 模块菜单中，选择 _____ 中的 _____ 命令，打开"生成凭证"窗口，单击 _____ 按钮，选择 _____ 选项，单击"确定"按钮。

工作任务 9——特殊采购业务处理（二）

工作任务	采购折扣业务处理	建议学时	2 学时
任务分析	普通赊除业务　　采购现金折扣业务　　付款核销业务		
技能目标	1. 能够规范、准确地进行采购订单的填制与审核。 2. 能够规范、准确地进行采购入库单的填制与审核。 3. 能够规范、准确地进行采购发票的填制与复核。 4. 能够规范、准确地进行采购结算。 5. 能够规范、准确地进行供应商往来制单与购销单据制单。		
工作任务　采购现金折扣业务处理			
任务描述	以操作员 LX04 的身份完成以下业务的软件操作： 　　2023 年 1 月 9 日，从欣欣棉纺有限公司购入化纤布 2 000 米，单价 25 元。收到从欣欣棉纺有限公司采购化纤布的增值税专用发票一张，材料验收入库，货款尚未支付。其中，付款条件 2/10，1/20，n/30。 　　2023 年 1 月 12 日，开出转账支票一张金额 60 000 元，支付上述采购货款，其余作为预付款。		

续表

 任务实施

采购现金折扣业务采购赊购操作

1. 采购订单填制与审核

（1）以操作员 _____ 身份进入用友 T3 软件"信息门户"，单击 _____ 模块，打开模块菜单，选择 _____ 命令，打开"采购订单"窗口。

（2）在"采购订单"窗口中，需单击 _____ 按钮后，根据工作任务填写 _____、_____、_____、_____ 等相关信息，检查无误后，先后单击 _____、_____ 按钮。

2. 采购入库单填制

（1）在采购模块菜单中，选择 _____ 命令，打开"采购入库单"窗口。

（2）在"采购入库单"窗口中，需单击 _____ 按钮后，根据工作任务填写 _____、_____、_____ 等相关信息，检查无误后，单击 _____ 按钮。

（3）采购入库单也可以根据审核后的采购订单流转生成。具体操作：在"采购订单"窗口中，单击"流转"按钮 ，选择 _____ 命令。

3. 采购发票填制与复核

（1）在采购模块菜单中，选择 _____ 命令，打开"采购发票"窗口。

（2）根据工作任务，在"采购发票"窗口中，单击 _____ 按钮，选择 _____，并填写 _____、_____、_____、_____ 等相关信息，检查无误后，先单击 _____，后单击 _____ 按钮。

（3）采购入库单也可以根据审核后的采购订单或采购入库单流转生成。具体操作：在"采购订单"或"采购入库单"窗口中，单击"流转"按钮，选择 _____ 命令。

4. 采购结算

在采购模块菜单中，选择 _____ 中的 _____ 命令，先进行"条件输入"窗口的确认，进入"入库单和发票"窗口，选择对应的入库单和发票，单击"确认"按钮后，打开"手工结算"窗口，单击 _____ 按钮。

5. 采购入库单审核

采购入库单审核在 _____ 模块完成。具体操作：单击 _____ 模块，打开模块菜单，选择 _____ 命令，打开"采购入库单审核"窗口，找到需要审核的入库单，单击 _____ 按钮。

6. 正常单据记账

在 _____ 模块菜单中，选择 _____ 中的 _____ 命令，打开"正常单据记账"窗口，选择对应入库单，单击 _____ 按钮。

7. 制单

需要注意：采购先进折扣业务需要生成两张凭证：一是根据发票制单；二是根据入库单制单。

续表

发票制单
（1）在 ＿＿＿＿ 模块菜单中，选择 ＿＿＿＿＿ 中的 ＿＿＿＿＿ 命令，打开"供应商制单查询"窗口，选择 ＿＿＿＿ 条件。单击"确定"按钮。 （2）选择"专用发票"行，单击 ＿＿＿＿ 按钮，进入"填制凭证"窗口，检查无误后，单击 ＿＿＿＿ 按钮，生成采购发票凭证。

入库单制单
（1）在 ＿＿＿＿ 模块菜单中，选择 ＿＿＿＿＿ 中的 ＿＿＿＿＿ 命令，打开"生成凭证"窗口，单击 ＿＿＿＿ 按钮，选择 ＿＿＿＿＿＿＿＿ 选项，单击"确定"按钮。 （2）选择"采购入库单"行，单击 ＿＿＿＿ 按钮，进入"生成凭证"窗口，单击"生成"按钮，进入"填制凭证"窗口，检查无误后，单击 ＿＿＿＿ 按钮，生成采购入库单凭证。

8. 付款核销

采购现金折扣业务付款核销操作

在 ＿＿＿＿ 模块菜单中，选择 ＿＿＿＿＿ 中的 ＿＿＿＿＿ 命令，进入"＿＿＿＿＿"窗口，选择相应的供应商，单击 ＿＿＿＿ 按钮，填制完成后，单击"保存"按钮。接下来，单击 ＿＿＿＿＿ 按钮，对单据进行 ＿＿＿＿＿，分别输入 ＿＿＿＿ 金额和 ＿＿＿＿ 金额，单击 ＿＿＿＿ 按钮，再单击 ＿＿＿＿ 按钮。

9. 核销制单
（1）在 ＿＿＿＿ 模块菜单中，选择 ＿＿＿＿＿ 中的 ＿＿＿＿＿ 命令，打开"供应商制单查询"窗口，选择 ＿＿＿＿ 条件。单击"确定"按钮。 （2）选择"专用发票"行，单击 ＿＿＿＿ 按钮，进入"填制凭证"窗口，检查无误后，单击 ＿＿＿＿ 按钮，生成付款单凭证。

工作任务 10——特殊采购业务处理（三）

工作任务	采购损耗业务处理	建议学时	4学时
任务分析			

采购合理损耗业务

采购损耗业务

采购非合理损耗业务

续表

技能目标	1. 能够规范、准确地进行采购入库单的填制与审核。 2. 能够规范、准确地进行采购发票的填制与复核。 3. 能够规范、准确地进行采购结算。 4. 能够规范、准确地进行供应商往来制单与购销单据制单。
	工作任务10.1　采购合理损耗业务处理
任务描述	以操作员 LX04 的身份完成以下业务的软件操作： 2023 年 1 月 9 日，从鲁顺轻纺有限公司采购的棉布网衬 2 000 米，实际验收入库 1 990 米，10 米为运输途中的合理损耗。同时，收到从鲁顺轻纺有限公司采购棉布网衬的增值税专用发票一张，数量 2 000 米，单价 10 元，增值税税率 13%。

采购合理损耗业务

1. 采购入库单填制

（1）在采购模块菜单中，选择 _____ 命令，打开"采购入库单"窗口。

（2）在"采购入库单"窗口中，需单击 _____ 按钮后，根据工作任务填写 _____、_____、_____、_____ 等相关信息，检查无误后，单击 _____ 按钮。需要注意的是，入库数量要填写 _____。

2. 采购发票填制与复核

（1）在采购模块菜单中，选择 _____ 命令，打开"采购发票"窗口。

（2）根据工作任务，在"采购发票"窗口中，单击 _____ 按钮，选择 _____，并填写 _____、_____、_____、_____ 等相关信息，检查无误后，先单击 _____，后单击 _____ 按钮。

3. 采购结算

在采购模块菜单中，选择 _____ 中的 _____ 命令，先进行"条件输入"窗口的确认，进入"入库单和发票"窗口，选择对应的入库单和发票，单击"确认"按钮后，打开"手工结算"窗口，单击 _____ 按钮。

4. 采购入库单审核

采购入库单审核在 _____ 模块完成。具体操作：单击 _____ 模块，打开模块菜单，选择 _____ 命令，打开"采购入库单审核"窗口，找到需要审核的入库单，单击 _____ 按钮。

5. 正常单据记账

在 _____ 模块菜单中，选择 _____ 中的 _____ 命令，打开"正常单据记账"窗口，选择对应入库单，单击 _____ 按钮。

6. 制单

需要注意：采购合理损耗业务需要生成两张凭证：一是根据发票制单；二是根据入库单制单。

发票制单

（1）在 _____ 模块菜单中，选择 _____ 中的 _____ 命令，打开"供应商制单查询"窗口，选择 _____ 条件。单击"确定"按钮。

（2）选择"专用发票"行，单击 _____ 按钮，进入"填制凭证"窗口，检查无误后，单击 _____ 按钮，生成采购发票凭证。

入库单制单

（1）在 _____ 模块菜单中，选择 _____ 中的 _____ 命令，打开"生成凭证"窗口，单击 _____ 按钮，选择 _____ 选项，单击"确定"按钮。

（2）选择"采购入库单"行，单击 _____ 按钮，进入"生成凭证"窗口，单击"生成"按钮，进入"填制凭证"窗口，检查无误后，单击 _____ 按钮，生成采购入库单凭证。

工作任务10.2　采购非合理损耗业务处理

任务描述	以操作员 LX04 的身份完成以下业务的软件操作： 2023 年 1 月 10 日，从欣欣棉纺有限公司购入化纤布 2 000 米，实际验收入库 1 990 米，10 米为非合理损耗（增加会计科目 22210104 进项税额转出）。同时，收到从欣欣棉纺有限公司采购化纤布的增值税专用发票一张，数量 2 000 米，单价 25 元，增值税税率 13%。

👥 任务实施

需要注意：采购合理损耗业务和采购非合理损耗业务基本相似，以下只重点强调不同操作。

采购非合理损耗业务

1. 采购结算

在采购模块菜单中，选择 _____ 中的 _____ 命令，先进行"条件输入"窗口的确认，进入"入库单和发票"窗口，选择对应的入库单和发票，单击"确认"按钮后，打开"手工结算"窗口，填写 _____ 和 _____，单击 _____ 按钮，将 _____ 与相应的 _____ 进行结算。

2. 购销单据制单

入库单制单

（1）在 _____ 模块菜单中，选择 _____ 中的 _____ 命令，打开"生成凭证"窗口，单击 _____ 按钮，选择 _____ 选项，单击"确定"按钮。

（2）选择"采购入库单"行，单击 _____ 按钮，进入"生成凭证"窗口，单击"生成"按钮，进入"填制凭证"窗口，检查无误后，单击 _____ 按钮，生成采购入库单凭证。

需要注意的是，非合理损耗业务需要在总账中根据损耗的情况结转入"待处理财产损溢"科目。

工作任务 11——特殊采购业务处理（四）

工作任务	上月在途本月入库业务处理	建议学时	2 学时
任务分析			
技能目标	1. 能够规范、准确地进行采购入库单的填制与审核。 2. 能够规范、准确地进行采购结算。 3. 能够规范、准确地进行购销单据制单。		
	工作任务　上月在途本月入库业务处理		
任务描述	以操作员 LX04 的身份完成以下业务的软件操作： 2023 年 1 月 12 日，上月从欣欣棉纺有限公司购入棉布网衬 5 000 米，本月验收入库。		

任务实施

上月在途本月入库业务

1. 采购入库单填制

（1）在采购模块菜单中，选择 _____ 命令，打开"采购入库单"窗口。

（2）在"采购入库单"窗口中，需单击 _____ 按钮后，根据工作任务填写 _____、_____、_____、_____ 等相关信息，检查无误后，单击 _____ 按钮。

2. 采购结算

在采购模块菜单中，选择 _____ 中的 _____ 命令，先进行"条件输入"窗口的确认，将 _____ 和 _____ 进行采购结算，进入"入库单和发票"窗口，选择对应的入库单和发票，单击"确认"按钮后，打开"手工结算"窗口，单击 _____ 按钮。

3. 采购入库单审核

采购入库单审核在＿＿＿＿＿＿模块完成。具体操作：单击＿＿＿＿＿＿模块，打开模块菜单，选择＿＿＿＿＿＿＿＿＿命令，打开"采购入库单审核"窗口，找到需要审核的入库单，单击＿＿＿＿＿按钮。

4. 正常单据记账

在＿＿＿＿＿＿模块菜单中，选择＿＿＿＿＿＿中的＿＿＿＿＿＿＿命令，打开"正常单据记账"窗口，选择对应入库单，单击＿＿＿＿＿按钮。

5. 制单
需要注意：只需要根据入库单进行购销单据制单。

入库单制单
（1）在＿＿＿＿＿＿模块菜单中，选择＿＿＿＿＿＿中的＿＿＿＿＿＿＿命令，打开"生成凭证"窗口，单击＿＿＿＿＿按钮，选择＿＿＿＿＿＿＿＿＿＿＿＿选项，单击"确定"按钮。
（2）选择"采购入库单"行，单击＿＿＿＿＿按钮，进入"生成凭证"窗口，单击"生成"按钮，进入"填制凭证"窗口，检查无误后，单击＿＿＿＿＿按钮，生成采购入库单凭证。

工作任务 12——特殊采购业务处理（五）

工作任务	采购退货业务处理	建议学时	4 学时
任务分析	采购退货业务 ├ 采购结算前退货业务 └ 采购结算后退货业务		
技能目标	1. 能够规范、准确地进行采购入库单及退货单的填制与审核。 2. 能够规范、准确地进行采购发票和红字采购发票的填制与复核。 3. 能够规范、准确地进行采购结算。 4. 能够规范、准确地进行供应商往来制单与购销单据制单。		

续表

<table>
<tr><td colspan="2" align="center">工作任务12.1　采购结算前退货业务处理</td></tr>
<tr><td>任务描述</td><td>以操作员 LX04 的身份完成以下业务的软件操作：
　　2023 年 1 月 21 日，从鲁顺轻纺有限公司采购的棉布网衬 3 000 米，单价 15 元，已验收入库。当日仓库反映 100 米因质量问题要求退货，经协商，对方同意退货。当日，收到鲁顺轻纺有限公司开具的专用发票一张，货款尚未支付。</td></tr>
</table>

 任务实施

采购结算前退货业务

1. 采购入库单填制

　　（1）以操作员 _____ 身份进入用友 T3 软件"信息门户"，单击 _____ 模块，打开模块菜单，选择 _____ 命令，打开"采购订单"窗口。

　　（2）在"采购订单"窗口中，需单击 _____ 按钮后，根据工作任务填写 _____、_____、_____、_____ 等相关信息，检查无误后，单击 _____ 按钮。

2. 红字采购入库单填制

　　（1）在采购模块菜单中，选择 _____ 命令，打开"采购入库单"窗口。

　　（2）在"采购入库单"窗口中，单击 _____ 按钮，选择 _____，根据工作任务填写 _____、_____、_____、_____ 等相关信息，检查无误后，单击 _____ 按钮。

3. 采购发票填制与复核

　　（1）在采购模块菜单中，选择 _____ 命令，打开"采购发票"窗口。

　　（2）根据工作任务，在"采购发票"窗口中，单击 _____ 按钮，选择 _____，并填写 _____、_____、_____、_____ 等相关信息，检查无误后，先单击 _____，后单击 _____ 按钮。

　　（3）采购发票也可以根据审核后的采购订单或采购入库单流转生成。具体操作：在"采购订单"或"采购入库单"窗口中，单击"流转"按钮，选择 _____ 命令。

4. 采购结算

　　在采购模块菜单中，选择 _____ 中的 _____ 命令，先进行"条件输入"窗口的确认，进入"入库单和发票"窗口，选择对应的入库单和发票，单击"确认"按钮后，打开"手工结算"窗口，单击 _____ 按钮。

5. 采购入库单审核

　　采购入库单审核在 _____ 模块完成。具体操作：单击 _____ 模块，打开模块菜单，选择 _____ 命令，打开"采购入库单审核"窗口，找到需要审核的入库单，单击 _____ 按钮。

续表

6. 正常单据记账
在 ＿＿＿＿＿ 模块菜单中，选择 ＿＿＿＿＿＿ 中的 ＿＿＿＿＿＿ 命令，打开"正常单据记账"窗口，选择对应入库单，单击 ＿＿＿＿ 按钮。

采购结算后退货业务

7. 制单
需要注意：普通赊购业务需要生成两张凭证：一是根据发票制单；二是根据入库单制单。
发票制单 　　（1）在 ＿＿＿＿＿ 模块菜单中，选择 ＿＿＿＿＿＿ 中的 ＿＿＿＿＿＿ 命令，打开"供应商制单查询"窗口，选择 ＿＿＿＿＿ 条件，单击"确定"按钮。 　　（2）选择"专用发票"行，单击 ＿＿＿＿＿ 按钮，进入"填制凭证"窗口，检查无误后，单击 ＿＿＿＿＿ 按钮，生成采购发票凭证。
入库单制单 　　（1）在 ＿＿＿＿＿ 模块菜单中，选择 ＿＿＿＿＿＿ 中的 ＿＿＿＿＿＿ 命令，打开"生成凭证"窗口，单击 ＿＿＿＿＿ 按钮，选择 ＿＿＿＿＿＿＿＿＿ 选项，单击"确定"按钮。 　　（2）选择"采购入库单"行，单击 ＿＿＿＿＿ 按钮，进入"生成凭证"窗口，单击"生成"按钮，进入"填制凭证"窗口，检查无误后，单击 ＿＿＿＿＿ 按钮，生成采购入库单凭证。

工作任务12.2　采购结算后退货业务处理

任务描述	以操作员 LX04 的身份完成以下业务的软件操作： 　　2023 年 1 月 22 日，发现 2023 年 1 月 9 日入库的从兴达纺织有限公司购入的化纤布有质量问题，经协商，对方同意退回 100 米，单价 25 元。同时，收到兴达纺织有限公司开具的红字专用发票，同时使用现金货款退回。

👥 **任务实施**

需要注意：采购结算后退货业务与采购结算前退货业务操作类似，以下只重点强调不同操作，红字采购入库单的相关操作省略。

采购结算后退货业务

1. 红字采购发票填制、现付与复核
在采购模块填写红字采购发票，根据工作任务内容填写相关信息，检查无误后，先单击 ＿＿＿＿＿＿ 按钮，再单击 ＿＿＿＿＿＿ 按钮，最后单击 ＿＿＿＿＿＿ 按钮。

2. 采购结算
在采购模块菜单中，选择 ＿＿＿＿＿＿ 中的 ＿＿＿＿＿＿ 命令，先进行"条件输入"窗口的确认，进入"入库单和发票"窗口，选择对应的入库单和发票，单击"确认"按钮后，打开"手工结算"窗口，单击 ＿＿＿＿＿＿ 按钮。

续表

3.红字采购发票制单（现结制单）
在核算模块菜单中，选择"凭证"命令中的"供应商往来制单"命令，打开"供应商制单查询"窗口，选择 ＿＿＿ 条件，单击"确定"按钮。

工作任务 13——特殊采购业务处理（六）

工作任务	采购暂估回冲业务处理	建议学时	2学时
任务分析			
技能目标	1.能够规范、准确地进行采购发票的填制与复核。 2.能够规范、准确地进行采购结算。 3.能够规范、准确地进行供应商往来制单。 4.能够规范、准确地进行对上月采购入库单暂估处理。 5.能够规范、准确地进行购销单据制单（红字回冲单制单和蓝字回冲单制单）。		
工作任务　采购暂估回冲业务处理			
任务描述	以操作员 LX04 的身份完成以下业务的软件操作： 2023 年 1 月 26 日，收到鲁顺轻纺有限公司开出的上月已验收入库的 1 000 米化纤布的专用发票一张，无税单价 21 元。		

续表

任务实施

采购暂估回冲业务

1. 采购发票填制与复核

（1）在采购模块菜单中，选择 _____ 命令，打开"采购发票"窗口。

（2）根据工作任务，在"采购发票"窗口中，单击 ____ 按钮，选择 _____，并填写 _____、_____、_____、_____ 等相关信息，检查无误后，先单击 _____，后单击 _____ 按钮。

（3）采购发票也可以根据审核后的采购入库单流转生成。具体操作：在"采购入库单"窗口中，单击"流转"按钮，选择 _____ 命令。

2. 采购结算

在采购模块菜单中，选择 _____ 中的 _____ 命令，先设置"条件输入"窗口的过滤日期为"_____"，将采购发票与相应的 _____ 进行结算，进入"入库单和发票"窗口，选择对应的入库单和发票，单击"确认"按钮后，打开"手工结算"窗口，单击 _____ 按钮。

3. 暂估成本处理记账

在 _____ 模块菜单中，选择 _____ 中的 _____ 命令，打开"暂估成本处理记账"窗口，选择对应入库单，单击 ____ 按钮。

4. 制单

需要注意：暂估回冲业务（单到回冲方式）需要生成三张凭证：一是供应商往来制单；二是购销单据制单：红字回冲单和蓝字回冲单。

发票制单

（1）在 _____ 模块菜单中，选择 _____ 中的 _____ 命令，打开"供应商制单查询"窗口，选择 ____ 条件，单击"确定"按钮。

（2）选择"专用发票"行，单击 ____ 按钮，进入"填制凭证"窗口，检查无误后，单击 ____ 按钮，生成采购发票凭证。

入库单制单

（1）在 _____ 模块菜单中，选择 _____ 中的 _____ 命令，打开"生成凭证"窗口，单击 ____ 按钮，选择 _____ 选项，单击"确定"按钮。

（2）选择"采购入库单"行，单击 ____ 按钮，进入"生成凭证"窗口，单击"生成"按钮，进入"填制凭证"窗口，检查无误后，单击 ____ 按钮，生成采购入库单凭证。

工作任务14——特殊采购业务处理（七）

工作任务	采购暂估业务处理	建议学时	2学时
任务分析			
技能目标	1.能够规范、准确地进行采购入库单的填制与审核。 2.能够规范、准确地进行采购入库单的记账。 3.能够规范、准确地进行购销单据制单。		
	工作任务　采购暂估业务处理		
任务描述	以操作员LX04的身份完成以下业务的软件操作： 2023年1月31日，向欣欣棉纺有限公司购入化纤布1 000米，月末采购发票未收到，确认该批货物的暂估单位成本为25元/米，并验收入库。		

👥 **任务实施**

采购暂估业务

1.采购入库单填制

（1）在采购模块菜单中，选择 _____ 命令，打开"采购入库单"窗口。

（2）在"采购入库单"窗口中，需单击 _____ 按钮后，根据工作任务填写 _____、_____、_____、_____ 等相关信息，检查无误后，单击 _____ 按钮。

（3）采购入库单也可以根据审核后的采购订单流转生成。具体操作：在"采购订单"窗口中，单击"流转"按钮，选择 _____ 命令。

2.采购入库单审核

采购入库单审核在 _____ 模块完成。具体操作：单击 _____ 模块，打开模块菜单，选择 _____ 命令，打开"采购入库单审核"窗口，找到需要审核的入库单，单击 _____ 按钮。

3. 正常单据记账
在 _____ 模块菜单中,选择 _____ 中的 _____ 命令,打开"正常单据记账"窗口,选择对应入库单,单击 ____ 按钮。
4. 制单 需要注意,根据入库单制单在购销单据制单中选择暂估制单。

入库单制单
    (1)在 _____ 模块菜单中,选择 _____ 中的 _____ 命令,打开"生成凭证"窗口,单击 _____ 按钮,选择 _____ 选项,单击"确定"按钮。
    (2)选择"采购入库单"行,单击 ____ 按钮,进入"生成凭证"窗口,单击"生成"按钮,进入"填制凭证"窗口,检查无误后,单击 ____ 按钮,生成采购入库单凭证。

工作任务 15——普通销售业务处理

工作任务	普通销售业务处理	建议学时	4 学时
任务分析	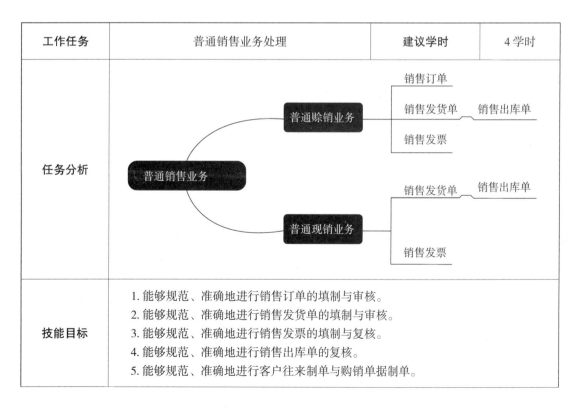		
技能目标	1. 能够规范、准确地进行销售订单的填制与审核。 2. 能够规范、准确地进行销售发货单的填制与审核。 3. 能够规范、准确地进行销售发票的填制与复核。 4. 能够规范、准确地进行销售出库单的复核。 5. 能够规范、准确地进行客户往来制单与购销单据制单。		

续表

<table>
<tr><td colspan="2" align="center">工作任务15.1　普通赊销业务处理</td></tr>
<tr>
<td align="center">任务描述</td>
<td>

以操作员 LX05 的身份完成以下业务的软件操作：

2023 年 1 月 1 日，销售部与淄博长江百货公司签订销售合同，预销售衬衣 100 件，无税单价 100 元。

2023 年 1 月 1 日，销售给淄博长江百货公司的衬衣，数量 100 件，无税单价 100 元，货物已发出。

2023 年 1 月 1 日，向淄博长江百货公司开出销售增值税专用发票一张，数量 100 件，无税单价 100 元，增值税税率 13%。
</td>
</tr>
</table>

任务实施

普通赊销业务

1. 销售订单填制与审核

（1）以操作员 _____ 身份进入用友 T3 软件"信息门户"，单击 _____ 模块，打开模块菜单，执行 _____ 命令，打开"销售订单"窗口。

（2）根据工作任务，在"销售订单"窗口中，单击 _____ 按钮，在表头中输入或选择 _____、_____、_____、_____ 等相关信息。

（3）在表体中输入或选择 _____、_____、_____ 等相关信息。单击 _____ 按钮，再单击 _____ 按钮。

2. 销售发货单填制与审核

（1）在销售模块菜单中，选择 _____ 命令，打开"发货单"窗口。

（2）根据工作任务，在"发货单"窗口中，需单击 _____ 按钮后，在表头中输入或选择 _____、_____、_____、_____ 等相关信息。

（3）在表体中输入或选择 _____、_____、_____ 等相关信息。单击 _____ 按钮，再单击 _____ 按钮。

注意：
销售发货单也可以根据审核后的销售订单流转生成。
具体操作：在"销售订单"窗口中，单击"流转"按钮 ，选择 _____ 命令。

3. 销售发票填制与复核

（1）在销售模块菜单中，选择 _____ 命令，打开"销售发票"窗口。

（2）根据工作任务，在"销售发票"窗口中，需单击 _____ 按钮后，在表头中输入或选择 _____、_____、_____ 等相关信息。

（3）在表体中输入或选择 _____、_____、_____、_____ 等相关信息，单击 _____ 按钮，再单击 _____ 按钮。

续表

注意： 销售发票也可以根据审核后的销售订单、销售发货单流转生成。 具体操作：在"销售订单"或"销售发货单"窗口中，单击"流转"按钮▦，选择 _____ 命令。	
4. 销售出库单复核	
（1）销售出库单复核在 _____ 模块完成。具体操作：单击 _____ 模块，打开模块菜单，选择 _____ 命令，打开"销售出库单"窗口， （2）找到需要复核的销售出库单，单击 _____ 按钮。	
5. 正常单据记账	
在 _____ 模块菜单中，选择 _____ 中的 _____ 命令，打开"正常单据记账"窗口，选择对应销售出库单，单击 _____ 按钮。	
6. 制单 注意：普通赊购业务需要生成两张凭证：一是根据发票制单；二是根据销售出库单制单。	
发票制单 （1）在 _____ 模块菜单中，选择 _____ 中的 _____ 命令，打开"客户制单查询"窗口，选择 _____ 条件，单击"确定"按钮。 （2）选择"专用发票"行，单击 _____ 按钮，进入"填制凭证"窗口，检查无误后，单击 _____ 按钮，生成销售发票凭证。	
销售出库单制单 （1）在 _____ 模块菜单中，选择 _____ 中的 _____ 命令，打开"生成凭证"窗口，单击 _____ 按钮，进入"查询条件"窗口，选择 _____ 选项，单击"确定"按钮。 （2）选择"销售出库单"行，单击 _____ 按钮，进入"生成凭证"窗口，单击"生成"按钮，进入"填制凭证"窗口，检查无误后，单击 _____ 按钮，生成销售出库单凭证。	
工作任务15.2 普通现销业务处理	
任务描述	以操作员 LX05 的身份完成以下业务的软件操作： 2023 年 1 月 3 日，销售给济南宏达百货公司的运动服，数量 120 件，无税单价 200 元，货物已发出。 2023 年 1 月 3 日，向济南宏达百货公司开出销售增值税专用发票一张，数量 120 件，无税单价 200 元，增值税率 13%。 同日，企业收到济南宏达百货公司的电汇结算凭单一张，收到销售运动服货款。

续表

任务实施

注意：

普通现销业务与普通赊销业务操作类似，如销售订单填制与审核、销售发货单填制与审核、销售出库单复核、正常单据记账等操作。以下只重点强调不同操作。

销售现销业务

1. 销售发票填制、现结与复核

在销售模块填写/流转生成销售发票，根据工作任务内容填写相关信息，检查无误后，先单击 _____ 按钮，再单击 _____ 按钮，最后单击 _____ 按钮。

2. 销售发票制单（现结制单）

（1）在核算模块菜单中，选择"凭证"命令中的"客户往来制单"命令，打开"客户制单查询"窗口，选择 _____ 条件，单击"确定"按钮。

（2）进入"填制凭证"窗口，检查无误后，单击 _____ 按钮，生成销售发票凭证。

工作任务 16——收款核销业务处理

工作任务	收款核销业务处理	建议学时	4 学时
任务分析	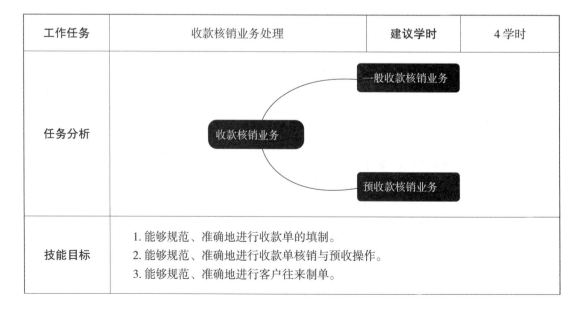		
技能目标	1. 能够规范、准确地进行收款单的填制。 2. 能够规范、准确地进行收款单核销与预收操作。 3. 能够规范、准确地进行客户往来制单。		

续表

工作任务16.1 收款核销业务处理

| 任务描述 | 以操作员 LX05 的身份完成以下业务的软件操作：
2023 年 1 月 4 日，收到淄博长江百货公司开出的转账支票一张，金额 11 300 元，核销 1 月 1 日与淄博长江百货公司的货款 11 300 元。 |

 任务实施

收款核销业务

1. 收款单填制与核销

（1）以操作员 _____ 身份进入用友 T3 软件"信息门户"，单击 _____ 模块，打开模块菜单，执行 _____ 命令，打开"收款单结算"窗口。

（2）根据工作任务，在"收款单结算"窗口中，先选择 _____，再单击 _____ 按钮，在表头中输入或选择 _____、_____、_____、_____ 等相关信息，单击 _____ 按钮。

（3）单击 _____ 按钮，根据工作任务，对相应的单据进行核销，在表体中输入 _____ 金额，再单击 _____ 按钮。

2. 核销制单

（1）在 _____ 模块菜单中，选择 _____ 中的 _____ 命令，打开"客户制单查询"窗口，选择 _____ 条件，单击"确定"按钮。

（2）选择"核销"行，单击 _____ 按钮，进入"填制凭证"窗口，检查无误后，单击 _____ 按钮，生成收款单核销凭证。

工作任务16.2 预收款核销业务处理

| 任务描述 | 以操作员 LX05 的身份完成以下业务的软件操作：
2023 年 1 月 6 日，收到淄博长江百货公司电汇凭单，系淄博长江百货公司预付的货款 3 000 元，款项存入银行。 |

任务实施

预收款核销业务

1. 收款单填制与预收

（1）以操作员 _____ 身份进入用友 T3 软件"信息门户"，单击 _____ 模块，打开模块菜单，执行 _____ 命令，打开"收款单结算"窗口。

（2）根据工作任务，在"收款单结算"窗口中，先选择 _____，再单击 _____ 按钮，在表头中输入或选择 _____、_____、_____、_____ 等相关信息，单击 _____ 按钮，再单击 _____ 按钮。

续表

2.核销制单
（1）在 _____ 模块菜单中，选择 _____ 中的 _____ 命令，打开"客户制单查询"窗口，选择 _____ 条件，单击"确定"按钮。 （2）选择"核销"行，单击 _____ 按钮，进入"填制凭证"窗口，检查无误后，单击 _____ 按钮，生成收款单核销凭证。

工作任务 17——转账并账业务处理

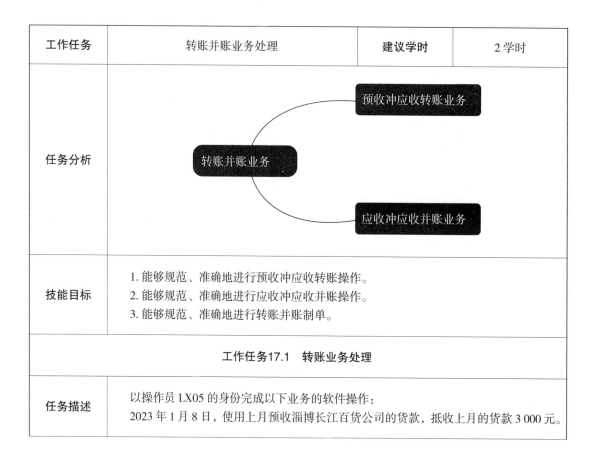

工作任务	转账并账业务处理	建议学时	2 学时
任务分析	转账并账业务 预收冲应收转账业务 应收冲应收并账业务		
技能目标	1.能够规范、准确地进行预收冲应收转账操作。 2.能够规范、准确地进行应收冲应收并账操作。 3.能够规范、准确地进行转账并账制单。		
工作任务17.1　转账业务处理			
任务描述	以操作员 LX05 的身份完成以下业务的软件操作： 2023 年 1 月 8 日，使用上月预收淄博长江百货公司的货款，抵收上月的货款 3 000 元。		

续表

<table>
<tr><td colspan="2" style="text-align:center">👥 **任务实施**
预收冲应收转账业务</td></tr>
<tr><td colspan="2">

1. 预收冲应收转账处理

（1）以操作员_____身份进入用友T3软件"信息门户"，单击_____模块，打开模块菜单，执行_____命令，打开"预收冲应收"对话框。

（2）根据工作任务，在"预收冲应收"窗口中，在_____页签中，选择_____，单击_____按钮，输入_____金额。

（3）选择_____页签，单击_____按钮，输入_____金额，单击_____按钮。
</td></tr>
<tr><td colspan="2">

2. 转账制单

（1）在_____模块菜单中，选择_____中的_____命令，打开"客户制单查询"窗口，选择_____条件，单击"确定"按钮。

（2）选择"预收冲应收"行，单击_____按钮，进入"填制凭证"窗口，检查无误后，单击_____按钮，生成转账凭证。
</td></tr>
<tr><td colspan="2" style="text-align:center">**工作任务17.2 应收冲应收并账处理**</td></tr>
<tr><td style="text-align:center">**任务描述**</td><td>

以操作员 LX05 的身份完成以下业务的软件操作：

2023 年 1 月 9 日，应收青岛顺峰百货公司的货款 237 300 元，转作应收济南宏达百货公司的应收款。
</td></tr>
<tr><td colspan="2" style="text-align:center">👥 **任务实施**
应收冲应收并账业务</td></tr>
<tr><td colspan="2">

1. 应收冲应收并账处理

（1）以操作员_____身份进入用友T3软件"信息门户"，单击_____模块，打开模块菜单，执行_____命令，打开"应收冲应收"对话框。

（2）根据工作任务，在"应收冲应收"窗口中，选择_____户和_____户，单击_____按钮，输入_____金额，单击_____按钮。
</td></tr>
<tr><td colspan="2">

2. 并账制单

（1）在_____模块菜单中，选择_____中的_____命令，打开"客户制单查询"窗口，选择_____条件，单击"确定"按钮。

（2）选择"并账"行，单击_____按钮，进入"填制凭证"窗口，检查无误后，单击_____按钮，生成并账凭证。
</td></tr>
</table>

工作任务 18——特殊销售业务处理（一）

工作任务	销售代垫运费业务处理	建议学时	2 学时
任务分析			
技能目标	1.能够规范、准确地进行销售发货单的填制与审核。 2.能够规范、准确地进行销售发票的填制与复核。 3.能够规范、准确地进行代垫费用单的填制与审核。 4.能够规范、准确地进行销售出库单的复核。 5.能够规范、准确地进行客户往来制单与购销单据制单。		
	工作任务　销售代垫运费业务处理		
任务描述	以操作员 LX05 的身份完成以下业务的软件操作： 2023 年 1 月 11 日，销售给青岛顺峰百货公司衬衣 150 件，无税单价 100 元，货款尚未收到。同时代垫运费 100 元，运费使用现金支付。		

任务实施

销售代垫运费业务

1. 销售发货单填制与审核

（1）在销售模块菜单中，选择 _____ 命令，打开"发货单"窗口。

（2）根据工作任务，在"发货单"窗口中，需单击 _____ 按钮后，在表头中输入或选择 _____、_____、_____ 等相关信息。

（3）在表体中输入或选择 _____、_____、_____ 等相关信息，单击 _____ 按钮，再单击 _____ 按钮。

2. 销售发票填制与复核
（1）在销售模块菜单中，选择 _____ 命令，打开"销售发票"窗口。 （2）根据工作任务，在"采购发票"窗口中，需单击 _____ 按钮后，在表头中，输入或选择 _____、_____、_____、_____ 等相关信息。 （3）在表体中输入或选择 _____、_____、_____、_____ 等相关信息，单击 _____ 按钮，再单击 _____ 按钮。
注意： 销售发票也可以根据审核后的销售订单、销售发货单流转生成。 具体操作：在"销售订单"或"销售发货单"窗口中，单击"流转"按钮，选择 _____ 命令。
3. 代垫费用单填制与复核
（1）在"销售发票"窗口，找到相应的发票，单击 _____ 按钮，打开"代垫费用单"窗口。 （2）根据工作任务，在"代垫费用单"窗口中，单击 _____ 按钮后，在表头中输入或选择 _____、_____、_____ 等相关信息。 （3）在表体中输入或选择 _____、_____、_____ 等相关信息，单击 _____ 按钮，再单击 _____ 按钮。
4. 销售出库单复核
（1）销售出库单复核在 _____ 模块完成。具体操作：单击 _____ 模块，打开模块菜单，选择 _____ 命令，打开"销售出库单"窗口。 （2）找到需要复核的销售出库单，单击 _____ 按钮。
5. 正常单据记账
在 _____ 模块菜单中，选择 _____ 中的 _____ 命令，打开"正常单据记账"窗口，选择对应销售出库单，单击 _____ 按钮。
7. 制单 注意：销售代垫运费业务需要生成三张凭证：一是根据发票制单；二是根据销售出库单制单；三是应收单制单。
发票制单 （1）在 _____ 模块菜单中，选择 _____ 中的 _____ 命令，打开"客户制单查询"窗口，选择 _____ 条件，单击"确定"按钮。 （2）选择"专用发票"行，单击 _____ 按钮，进入"填制凭证"窗口，检查无误后，单击 _____ 按钮，生成销售发票凭证。

续表

销售出库单制单
（1）在 _____ 模块菜单中，选择 _____ 中的 _____ 命令，打开"生成凭证"窗口，单击 _____ 按钮，进入"查询条件"窗口，选择 _____ 选项，单击"确定"按钮。   （2）选择"销售出库单"行，单击 _____ 按钮，进入"生成凭证"窗口，单击"生成"按钮，进入"填制凭证"窗口，检查无误后，单击 _____ 按钮，生成销售出库单凭证。
应收单制单
（1）在 _____ 模块菜单中，选择 _____ 中的 _____ 命令，打开"客户制单查询"窗口，选择 _____ 条件，单击"确定"按钮。   （2）选择"其他应收单"行，单击 _____ 按钮，进入"填制凭证"窗口，检查无误后，单击 _____ 按钮，生成销售发票凭证。

工作任务 19——特殊销售业务处理（二）

工作任务	销售折扣业务处理	建议学时	4 学时
任务分析	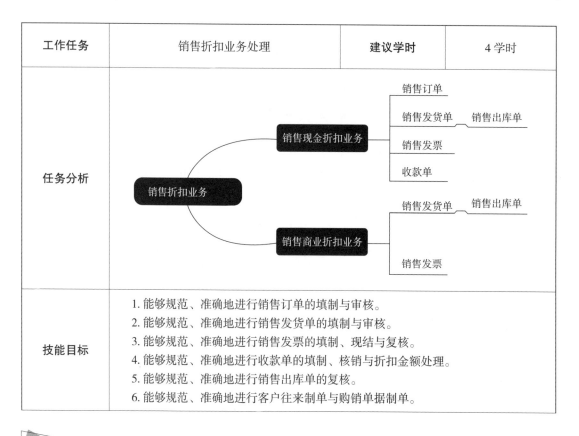		
技能目标	1. 能够规范、准确地进行销售订单的填制与审核。 2. 能够规范、准确地进行销售发货单的填制与审核。 3. 能够规范、准确地进行销售发票的填制、现结与复核。 4. 能够规范、准确地进行收款单的填制、核销与折扣金额处理。 5. 能够规范、准确地进行销售出库单的复核。 6. 能够规范、准确地进行客户往来制单与购销单据制单。		

续表

工作任务19.1　销售现金折扣业务处理

任务描述	以操作员 LX05 的身份完成以下业务的软件操作： 2023 年 1 月 15 日，销售部与济南宏达百货公司签订销售合同，预销售运动服 200 套，无税单价 200 元，其中，付款条件 2/10，1/20，n/30。 2023 年 1 月 1 日，销售给济南宏达百货公司运动服 200 套，无税单价 200 元，货物已发出。 同日，向济南宏达百货公司开出销售增值税专用发票一张，运动服 200 套，无税单价 200 元，增值税税率 13%。 2023 年 1 月 20 日，收到济南宏达百货公司开来的转账支票一张，金额 44 296 元，支付上述货款。

 任务实施

销售现金折扣业务赊销操作

1. 销售订单填制与审核

（1）以操作员 ＿＿＿＿＿＿ 身份进入用友 T3 软件"信息门户"，单击 ＿＿＿＿＿＿ 模块，打开模块菜单，执行 ＿＿＿＿＿＿＿＿＿＿＿ 命令，打开"销售订单"窗口。

（2）根据工作任务，在"销售订单"窗口中，单击 ＿＿＿＿＿＿ 按钮，在表头中输入或选择 ＿＿＿＿＿＿＿＿＿、＿＿＿＿＿＿＿＿＿、＿＿＿＿＿＿＿＿＿、＿＿＿＿＿＿＿＿＿ 等相关信息。

（3）在表体中输入或选择 ＿＿＿＿＿＿＿＿＿、＿＿＿＿＿＿＿＿＿、＿＿＿＿＿＿＿＿＿ 等相关信息，单击 ＿＿＿＿＿＿ 按钮，再单击 ＿＿＿＿＿＿ 按钮。

2. 销售发货单填制与审核

（1）在销售模块菜单中，选择 ＿＿＿＿＿＿＿ 命令，打开"发货单"窗口。

（2）根据工作任务，在"发货单"窗口中，需单击 ＿＿＿＿＿＿ 按钮后，在表头中输入或选择 ＿＿＿＿＿＿＿＿＿、＿＿＿＿＿＿＿＿＿、＿＿＿＿＿＿＿＿＿ 等相关信息。

（3）在表体中输入或选择 ＿＿＿＿＿＿＿＿＿、＿＿＿＿＿＿＿＿＿、＿＿＿＿＿＿＿＿＿ 等相关信息，单击 ＿＿＿＿＿＿＿ 按钮，再单击 ＿＿＿＿＿＿ 按钮。

注意：
销售发货单也可以根据审核后的销售订单流转生成。
具体操作：在"销售订单"窗口中，单击"流转"按钮，选择 ＿＿＿＿＿＿ 命令。

3. 销售发票填制与复核

（1）在销售模块菜单中，选择 ＿＿＿＿＿＿ 命令，打开"销售发票"窗口。

（2）根据工作任务，在"销售发票"窗口中，需单击 ＿＿＿＿＿＿＿＿＿＿＿ 按钮后，在表头中输入或选择 ＿＿＿＿＿＿＿＿＿、＿＿＿＿＿＿＿＿＿、＿＿＿＿＿＿＿＿＿、＿＿＿＿＿＿＿＿＿ 等相关信息。

（3）在表体中输入或选择 ＿＿＿＿＿＿＿＿＿、＿＿＿＿＿＿＿＿＿、＿＿＿＿＿＿＿＿＿、＿＿＿＿＿＿＿＿＿ 等相关信息，单击 ＿＿＿＿＿＿ 按钮，再单击 ＿＿＿＿＿＿ 按钮。

注意：

销售发票也可以根据审核后的销售订单、销售发货单流转生成。

具体操作：在"销售订单"或"销售发货单"窗口中，单击"流转"按钮，选择 _____ 命令。

---

4. 销售出库单复核

销售出库单复核在 _____ 模块完成。具体操作：单击 _____ 模块，打开模块菜单，选择 _____ 命令，打开"销售出库单"窗口，找到需要复核的销售出库单，单击"_____"按钮。

---

5. 正常单据记账

在 _____ 模块菜单中，选择 _____ 中的 _____ 命令，打开"正常单据记账"窗口，选择对应销售出库单，单击 _____ 按钮。

---

6. 制单

注意：普通赊购业务需要生成两张凭证：一是根据发票制单；二是根据销售出库单制单。

发票制单

（1）在 _____ 模块菜单中，选择 _____ 中的 _____ 命令，打开"客户制单查询"窗口，选择 _____ 条件，单击"确定"按钮。

（2）选择"专用发票"行，单击 _____ 按钮，进入"填制凭证"窗口，检查无误后，单击 _____ 按钮，生成销售发票凭证。

销售出库单制单

（1）在 _____ 模块菜单中，选择 _____ 中的 _____ 命令，打开"生成凭证"窗口，单击 _____ 按钮，进入"查询条件"窗口，选择 _____ 选项，单击"确定"按钮。

（2）选择"销售出库单"行，单击 _____ 按钮，进入"生成凭证"窗口，单击"生成"按钮，进入"填制凭证"窗口，检查无误后，单击 _____ 按钮，生成销售出库单凭证。

---

7. 收款单填制与核销

销售现金折扣业务收款核销操作

（1）以操作员 _____ 身份进入用友T3软件"信息门户"，单击 _____ 模块，打开模块菜单，执行 _____ 命令，打开"收款单结算"窗口。

（2）根据工作任务，在"收款单结算"窗口中，先选择 _____ ，再单击 _____ 按钮，在表头中输入或选择 _____ 、 _____ 、 _____ 、 _____ 等相关信息，单击 _____ 按钮。

（3）单击 _____ 按钮，根据工作任务，对相应的单据进行核销，在表体中输入 _____ 金额和 _____ 金额，再单击 _____ 按钮。

8. 核销制单

（1）在 ＿＿＿＿＿ 模块菜单中，选择 ＿＿＿＿＿＿ 中的 ＿＿＿＿＿＿＿＿＿ 命令，打开"客户制单查询"窗口，选择 ＿＿＿＿＿ 条件，单击"确定"按钮。

（2）选择"核销"行，单击 ＿＿＿＿＿ 按钮，进入"填制凭证"窗口，检查无误后，单击 ＿＿＿＿＿ 按钮，生成收款单核销凭证。

注意：

销售现金折扣业务同普通赊销业务操作类似。可以把销售现金折扣业务分为普通赊销业务和收款核销业务两部分。其中，收款核销业务与一般的收款核销业务略有不同，在进行收款核销操作时，根据软件自动算出的"可享受折扣"金额，填写"现金折扣"金额，进而确定现金折扣的金额，现金折扣的金额会自动计入"财务费用"科目。

工作任务19.2　销售商业折扣业务处理

任务描述	以操作员 LX05 的身份完成以下业务的软件操作： 2023 年 1 月 16 日，销售给淄博长江百货公司衬衣，数量 200 件，货物已发出。 2023 年 1 月 3 日，向淄博长江百货公司开出销售增值税专用发票一张，数量 200 件，无税单价 100 元，给予对方企业 2% 的折扣，增值税税率 13%。 同日，企业收到淄博长江百货公司的转账支票一张，金额 22 148 元，收回销售货款。

任务实施

注意：

销售商业折扣业务与普通销售业务操作类似，如销售订单填制与审核、销售发货单填制与审核、销售出库单复核、正常单据记账等操作。以下只重点强调不同操作。

销售商业折扣业务

1. 销售发票填制、现结与复核

在销售模块填写 / 流转生成销售发票，根据工作任务内容填写相关信息，其中，商品正常售价应填写在 ＿＿＿＿＿ 中，并在 ＿＿＿＿＿ 中填写商品折扣（如商品打 8 折，在扣率中输入 80），检查无误后，先单击 ＿＿＿＿＿ 按钮，再单击 ＿＿＿＿＿ 按钮，最后单击 ＿＿＿＿＿ 按钮。

2. 销售发票制单

（1）根据工作任务，在核算模块菜单中，选择"凭证"命令中的"客户往来制单"命令，打开"客户制单查询"窗口，选择 ＿＿＿＿＿＿＿＿＿ 条件，单击"确定"按钮。

（2）进入"填制凭证"窗口，检查无误后，单击 ＿＿＿＿＿ 按钮，生成销售发票凭证（注意：生成的凭证中"主营业务收入"账户的金额为折扣后的金额）。

工作任务20——特殊销售业务处理（三）

工作任务	销售开票直接发货业务处理	建议学时	2学时
任务分析	销售开票直接发货业务 → 销售发票 → 销售发货单 — 销售出库单		
技能目标	1. 能够规范、准确地进行销售发票的填制与复核。 2. 能够规范、准确地进行销售出库单的复核。 3. 能够规范、准确地进行客户往来制单与购销单据制单。		
	工作任务　销售开票直接发货业务处理		
任务描述	以操作员LX05的身份完成以下业务的软件操作： 2023年1月17日，销售给济南宏达百货公司运动服100件，无税单价200元，销售直接开票后仓库发货，货款尚未收到。		

任务实施

销售开票直接发货业务

1. 销售发票填制与复核

（1）以操作员 ＿＿＿＿ 身份进入用友T3软件"信息门户"，单击 ＿＿＿＿ 模块，打开模块菜单，执行 ＿＿＿＿＿＿＿＿ 命令，打开"销售发票"窗口。

（2）在"销售发票"窗口中，选择 ＿＿＿＿ 命令，打开"销售发票"窗口。

（3）根据工作任务，在"销售发票"窗口中，需单击 ＿＿＿＿＿ 按钮后，在表头中输入或选择 ＿＿＿＿、＿＿＿＿、＿＿＿＿、＿＿＿＿ 等相关信息。

（4）在表体中输入或选择 ＿＿＿＿、＿＿＿＿、＿＿＿＿、＿＿＿＿ 等相关信息。

（5）单击 ＿＿＿＿ 按钮，再单击 ＿＿＿＿ 按钮。

注意：
销售开票直接发货业务直接填制、复核销售发票后，系统会自动带出发货单，无须手动填制发货单。

2. 销售出库单复核

销售出库单复核在 ＿＿＿＿ 模块完成。具体操作：单击 ＿＿＿＿ 模块，打开模块菜单，选择 ＿＿＿＿＿＿ 命令，打开"销售出库单"窗口，找到需要复核的销售出库单，单击 ＿＿＿＿ 按钮。

3. 正常单据记账

在 ＿＿＿＿＿＿ 模块菜单中，选择 ＿＿＿＿＿＿ 中的 ＿＿＿＿＿＿＿＿ 命令，打开"正常单据记账"窗口，选择对应销售出库单，单击 ＿＿＿＿ 按钮。

4. 制单
注意：销售开票直接发货业务需要生成两张凭证：一是根据发票制单；二是根据销售出库单制单。

发票制单
（1）在 ＿＿＿＿＿＿ 模块菜单中，选择 ＿＿＿＿＿＿ 中的 ＿＿＿＿＿＿＿＿ 命令，打开"客户制单查询"窗口，选择 ＿＿＿＿ 条件，单击"确定"按钮。
（2）选择"专用发票"行，单击 ＿＿＿＿ 按钮，进入"填制凭证"窗口，检查无误后，单击 ＿＿＿＿ 按钮，生成销售发票凭证。

销售出库单制单
（1）在 ＿＿＿＿＿＿ 模块菜单中，选择 ＿＿＿＿＿＿ 中的 ＿＿＿＿＿＿＿＿ 命令，打开"生成凭证"窗口，单击 ＿＿＿＿ 按钮，进入"查询条件"窗口，选择 ＿＿＿＿＿＿＿＿ 选项，单击"确定"按钮。
（2）选择"销售出库单"行，单击 ＿＿＿＿ 按钮，进入"生成凭证"窗口，单击"生成"按钮，进入"填制凭证"窗口，检查无误后，单击 ＿＿＿＿ 按钮，生成销售出库单凭证。

工作任务 21——特殊销售业务处理（四）

工作任务	销售退回业务处理	建议学时	4 学时
任务分析	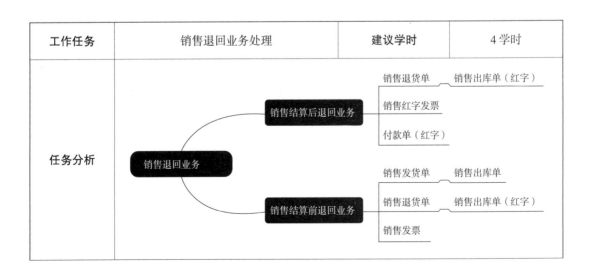		

续表

技能目标	1.能够规范、准确地进行销售退货单的填制与审核。 2.能够规范、准确地进行销售发票（红字）的填制与复核。 3.能够规范、准确地进行付款单（红字）的填制与核销。 4.能够规范、准确地进行销售出库单的复核。 5.能够规范、准确地进行客户往来制单与购销单据制单。

工作任务21.1　销售结算后退回业务处理

任务描述	以操作员 LX05 的身份完成以下业务的软件操作： 　　2023 年 1 月 20 日，发现 17 日销售给济南宏达百货公司运动服有 1 套质量不合格，经协商，不合格运动服被退回。 　　同时，向济南宏达百货公司开出红字专用发票一张，运动服 1 套，无税单价 200 元，增值税税率 13%。 　　2023 年 1 月 21 日，开出转账支票一张，退给济南宏达百货公司货款，金额 339 元。

销售结算后退货业务销售退回操作

1. 销售退货单填制与审核

（1）以操作员 _____ 身份进入用友 T3 软件"信息门户"，单击 _____ 模块，执行 _____ 命令，打开"发货单"窗口。

（2）根据工作任务，在"发货单"窗口中，需单击"增加"按钮，选择 _____ 后，打开"退货单"。在表头中输入或选择 _____、_____、_____、_____ 等相关信息。

（3）在表体中输入或选择 _____、_____、_____、_____ 等相关信息。

（4）单击 _____ 按钮，再单击 _____ 按钮。

2. 销售红字发票填制与复核

（1）在销售模块菜单中，选择 _____ 命令，打开"销售发票"窗口。

（2）根据工作任务，在"销售发票"窗口中，需单击"增加"按钮，选择 _____ 后，打开"销售发票（红字）"。在表头中输入或选择 _____、_____、_____、_____ 等相关信息。

（3）在表体中输入或选择 _____、_____、_____、_____ 等相关信息。

（4）单击 _____ 按钮，再单击 _____ 按钮。

注意：
销售红字发票也可以根据审核后的销售退货单流转生成。
具体操作：在"销售退货单"窗口中，单击"流转"按钮，选择 _____ 命令。

续表

3.销售出库单复核
销售出库单复核在 ＿＿＿＿＿ 模块完成。具体操作：单击 ＿＿＿＿＿ 模块，打开模块菜单，选择 ＿＿＿＿＿＿ 命令，打开"销售出库单"窗口，找到需要复核的销售出库单，单击 ＿＿＿＿＿ 按钮。
4.正常单据记账
在 ＿＿＿＿＿ 模块菜单中，选择 ＿＿＿＿＿ 中的 ＿＿＿＿＿＿＿ 命令，打开"正常单据记账"窗口，选择对应销售出库单，单击 ＿＿＿＿＿ 按钮。
5.制单
发票制单 （1）在 ＿＿＿＿＿ 模块菜单中，选择 ＿＿＿＿＿ 中的 ＿＿＿＿＿＿＿ 命令，打开"客户制单查询"窗口，选择 ＿＿＿＿＿ 条件，单击"确定"按钮。 （2）选择"专用发票"行，单击 ＿＿＿＿＿ 按钮，进入"填制凭证"窗口，检查无误后，单击 ＿＿＿＿＿ 按钮，生成销售发票凭证。
销售出库单制单 （1）在 ＿＿＿＿＿ 模块菜单中，选择 ＿＿＿＿＿ 中的 ＿＿＿＿＿＿＿ 命令，打开"生成凭证"窗口，单击 ＿＿＿＿＿ 按钮，进入"查询条件"窗口，选择 ＿＿＿＿＿＿＿ 选项，单击"确定"按钮。 （2）选择"销售出库单"行，单击 ＿＿＿＿＿ 按钮，进入"生成凭证"窗口，单击"生成"按钮，进入"填制凭证"窗口，检查无误后，单击 ＿＿＿＿＿ 按钮，生成销售出库单凭证。
6.付款单（红字）填制与核销 <div align="center">销售结算后退货业务退款核销操作</div>
（1）在 ＿＿＿＿＿ 模块菜单中，选择 ＿＿＿＿＿ 中的 ＿＿＿＿＿＿＿ 命令，打开"收款单结算"窗口。 （2）根据工作任务，在"收款单结算"窗口中，需单击"增加"按钮，打开"付款单（红字）"，在表头中输入或选择 ＿＿＿＿＿＿＿、＿＿＿＿＿＿＿、＿＿＿＿＿＿＿、＿＿＿＿＿＿＿ 等相关信息，单击 ＿＿＿＿＿ 按钮。 （3）单击 ＿＿＿＿＿ 按钮，根据工作任务，对相应的单据进行核销，在表体中输入 ＿＿＿＿＿＿＿ 金额，单击 ＿＿＿＿＿ 按钮。
7.核销制单
（1）在 ＿＿＿＿＿ 模块菜单中，选择 ＿＿＿＿＿ 中的 ＿＿＿＿＿＿＿ 命令，打开"客户制单查询"窗口，选择 ＿＿＿＿＿ 条件，单击"确定"按钮。 （2）选择"核销"行，单击 ＿＿＿＿＿ 按钮，进入"填制凭证"窗口，检查无误后，单击 ＿＿＿＿＿ 按钮，生成收款单核销凭证。

续表

工作任务21.2　销售结算前退回业务处理

任务描述	以操作员 LX05 的身份完成以下业务的软件操作： 2023 年 1 月 25 日，销售给青岛顺峰百货公司运动服，数量 200 套，货物已发出。 次日，发现一套运动服质量不合格，经协商，不合格运动服被退回。 2023 年 1 月 26 日，向济青岛顺峰百货公司开出销售专用发票一张，运动服 199 套，无税单价 200 元，增值税税率 13%。

销售结算前退货业务

1. 销售发货单填制与审核

（1）以操作员 ＿＿＿＿＿ 身份进入用友 T3 软件"信息门户"，单击 ＿＿＿＿＿ 模块，执行 ＿＿＿＿＿
＿＿＿＿＿＿＿＿ 命令，打开"发货单"窗口。

（2）根据工作任务，在"发货单"窗口中，需单击 ＿＿＿＿＿ 按钮后，在表头中输入或选择
＿＿＿＿＿＿＿＿、＿＿＿＿＿＿＿＿、＿＿＿＿＿＿＿＿、＿＿＿＿＿＿＿＿ 等相关信息。

（3）在表体中输入或选择 ＿＿＿＿＿＿＿＿、＿＿＿＿＿＿＿＿、＿＿＿＿＿＿＿＿ 等相关信息。

（4）单击 ＿＿＿＿＿ 按钮，再单击 ＿＿＿＿＿ 按钮。

2. 销售退货单填制与审核

（1）根据工作任务，在"发货单"窗口中，需单击"增加"按钮，选择 ＿＿＿＿＿＿＿＿ 后，打开"退货单"。在表头中输入或选择 ＿＿＿＿＿＿＿＿、＿＿＿＿＿＿＿＿、＿＿＿＿＿＿＿＿、＿＿＿＿＿＿＿＿ 等相关信息。

（2）在表体中输入或选择 ＿＿＿＿＿＿＿＿、＿＿＿＿＿＿＿＿、＿＿＿＿＿＿＿＿ 等相关信息。

（3）单击 ＿＿＿＿＿ 按钮，再单击 ＿＿＿＿＿ 按钮。

3. 销售发票填制与复核

（1）在销售模块菜单中，选择 ＿＿＿＿＿ 命令，打开"销售发票"窗口。

（2）根据工作任务，在"销售发票"窗口中，需单击 ＿＿＿＿＿＿＿＿ 按钮后，在表头中输入或选择
＿＿＿＿＿＿＿＿、＿＿＿＿＿＿＿＿、＿＿＿＿＿＿＿＿ 等相关信息。

（3）在表体中输入或选择 ＿＿＿＿＿＿＿＿、＿＿＿＿＿＿＿＿、＿＿＿＿＿＿＿＿、＿＿＿＿＿＿＿＿ 等相关信息。

（4）单击 ＿＿＿＿＿ 按钮，再单击 ＿＿＿＿＿ 按钮。

注意：
销售发票也可以根据审核后的销售发货单流转生成。
具体操作：在"销售发货单"窗口中，单击"流转"按钮，选择 ＿＿＿＿＿ 命令。

4. 销售出库单复核

销售出库单复核在 ＿＿＿＿＿ 模块完成。具体操作：单击 ＿＿＿＿＿ 模块，打开模块菜单，选择 ＿＿＿＿＿＿＿＿ 命令，打开"销售出库单"窗口，找到需要复核的销售出库单，单击 ＿＿＿＿＿ 按钮。
注意：本工作任务需要审核两张销售出库单。

续表

5. 正常单据记账
在 _____ 模块菜单中，选择 _____ 中的 _____ 命令，打开"正常单据记账"窗口，选择对应销售出库单，单击 _____ 按钮。
6. 制单 　　注意：销售结算前退回业务需要生成三张凭证：一是根据发票制单；二是根据销售出库单制单（一蓝一红）。
发票制单 　　（1）在 _____ 模块菜单中，选择 _____ 中的 _____ 命令，打开"客户制单查询"窗口，选择 _____ 条件，单击"确定"按钮。 　　（2）选择"专用发票"行，单击 _____ 按钮，进入"填制凭证"窗口，检查无误后，单击 _____ 按钮，生成销售发票凭证。
销售出库单制单 　　（1）在 _____ 模块菜单中，选择 _____ 中的 _____ 命令，打开"生成凭证"窗口，单击 _____ 按钮，进入"查询条件"窗口，选择 _____ 选项，单击"确定"按钮。 　　（2）选择"销售出库单"行，单击 _____ 按钮，进入"生成凭证"窗口，单击"生成"按钮，进入"填制凭证"窗口，检查无误后，单击 _____ 按钮，生成销售出库单凭证。

工作任务 22——材料领用业务处理

工作任务	材料领用业务处理	建议学时	2 学时
任务分析	材料领用业务 → 材料出库单 → 填制与审核 / 正常单据记账 / 购销单据制单		
技能目标	1. 能够规范、准确地进行材料出库单填制与审核。 2. 能够规范、准确地进行正常单据记账处理。 3. 能够规范、准确地进行购销单据制单。		

续表

<table>
<tr><td colspan="2" align="center">工作任务　材料领用业务处理</td></tr>
<tr><td align="center">任务描述</td><td>以操作员 LX06 的身份完成以下业务的软件操作：
2023 年 1 月 5 日，生产部领用棉布网衬 2 000 米，化纤布 1 000 米，用于生产运动服，材料已从原材料库发出。</td></tr>
</table>

材料领用业务

1. 材料出库单填制与审核

（1）以操作员 _____ 身份进入用友 T3 软件"信息门户"，单击 _____ 模块，打开模块菜单，执行 _____ 命令，打开"材料出库单"窗口。

（2）根据工作任务，在"材料出库单"窗口中，需单击 _____ 按钮后，在表头中输入或选择 _____、_____、_____、_____ 等相关信息。

（3）在表体中输入或选择 _____、_____、_____ 等相关信息。

（4）单击 _____ 按钮，再单击 _____ 按钮。

2. 正常单据记账

在 _____ 模块菜单中，选择 _____ 中的 _____ 命令，打开"正常单据记账"窗口，选择对应材料出库单，单击 _____ 按钮。

3. 购销单据制单

（1）在 _____ 模块菜单中，选择 _____ 中的 _____ 命令，打开"生成凭证"窗口，单击 _____ 按钮，进入"查询条件"窗口，选择 _____ 选项，单击"确定"按钮。

（2）选择"材料出库单"行，单击 _____ 按钮，进入"生成凭证"窗口，单击 _____ 按钮，进入"填制凭证"窗口，检查无误后，单击 _____ 按钮，生成材料出库单凭证。

工作任务 23——产成品入库业务处理

工作任务	产成品入库业务处理	建议学时	2 学时
任务分析	产成品入库业务 → 产成品入库单 —— 填制与审核 / 正常单据记账 / 购销单据制单		
技能目标	1. 能够规范、准确地进行产成品入库单填制与审核。 2. 能够规范、准确地进行正常单据记账处理。 3. 能够规范、准确地进行购销单据制单。		
工作任务　产成品入库业务处理			
任务描述	以操作员 LX06 的身份完成以下业务的软件操作： 2023 年 1 月 20 日，200 套运动服生产完工，验收入产成品库，财务部提供 500 套运动服的完工成本为 50 000 元，进行成本分配（直接材料 50%，直接人工 40%，制造费用 10%）。		
	任务实施 产成品入库业务		
1. 产成品入库单填制与审核			
	（1）以操作员 _____ 身份进入用友 T3 软件"信息门户"，单击 _____ 模块，打开模块菜单，执行 _____ 命令，打开"产成品入库单"窗口。 （2）根据工作任务，在"产成品入库单"窗口中，需单击 _____ 按钮后，在表头中输入或选择 _____、_____、_____、_____ 等相关信息。 （3）在表体中输入或选择 _____、_____、_____ 等相关信息。 （4）单击 _____ 按钮，再单击 _____ 按钮。		

续表

2. 产成品分配
（1）在 _____ 模块菜单中，选择 _____ 中的 _____ 命令，进入"产成品成本分配表"窗口。 （2）单击 _____ 按钮，再单击"确定"按钮，单击选择相应的"产成品入库单"，单击 _____ 按钮。 （3）在对应的产成品入库单记录行 _____ 栏中输入金额。 （4）单击 _____ 按钮，再单击 _____ 按钮。
3. 正常单据记账
在 _____ 模块菜单中，选择 _____ 中的 _____ 命令，打开"正常单据记账"窗口，选择对应产成品入库单，单击 _____ 按钮。
4. 购销单据制单
（1）在 _____ 模块菜单中，选择 _____ 中的 _____ 命令，打开"生成凭证"窗口，单击 _____ 按钮，进入"查询条件"窗口，选择 _____ 选项，单击"确定"按钮。 （2）选择"产成品入库单"行，单击 _____ 按钮，进入"生成凭证"窗口，单击 _____ 按钮，进入"填制凭证"窗口，检查无误后，单击 _____ 按钮，生成产成品入库单凭证。

工作任务 24——库存盘点业务处理

工作任务	库存盘点业务处理		建议学时	4 学时
任务分析	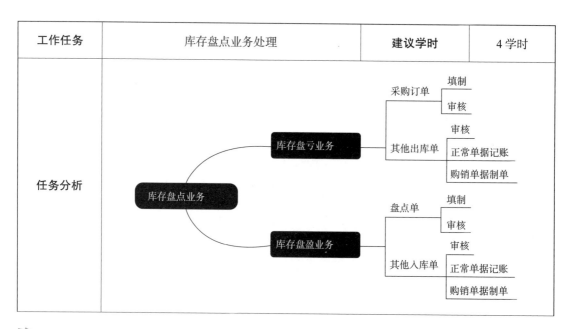			

续表

技能目标	1. 能够规范、准确地进行盘点单填制与审核。 2. 能够规范、准确地进行其他出库单与其他入库单审核。 3. 能够规范、准确地进行正常单据记账处理。 4. 能够规范、准确地进行购销单据制单。

工作任务24.1　库存盘亏业务处理

任务描述	以操作员 LX06 的身份完成以下业务的软件操作： 2023 年 1 月 31 日，对原材料库进行盘点，发现棉布网衬短缺了 100 米。

 任务实施

库存盘亏业务

1. 盘点单填制与审核

（1）以操作员 ＿＿＿＿＿＿ 身份进入用友 T3 软件"信息门户"，单击 ＿＿＿＿＿＿ 模块，打开模块菜单，执行 ＿＿＿＿＿＿＿＿＿＿ 命令，打开"盘点单"窗口。

（2）根据工作任务，在"盘点单"窗口中，需单击 ＿＿＿＿＿＿ 按钮后，在表头中输入或选择 ＿＿＿＿＿＿＿＿、＿＿＿＿＿＿＿＿、＿＿＿＿＿＿＿＿ 等相关信息。

（3）单击 ＿＿＿＿＿＿ 按钮，再单击 ＿＿＿＿＿＿ 按钮。根据工作任务，修改存货的 ＿＿＿＿＿＿ 数量。

（4）单击 ＿＿＿＿＿＿ 按钮，再单击 ＿＿＿＿＿＿ 按钮。

2. 其他出库单审核

（1）在 ＿＿＿＿＿＿ 模块菜单中，执行 ＿＿＿＿＿＿＿＿＿＿ 命令，进入"其他出库单"窗口。

（2）查找相应的其他出库单，单击 ＿＿＿＿＿＿ 按钮。

3. 正常单据记账

在 ＿＿＿＿＿＿ 模块菜单中，选择 ＿＿＿＿＿＿ 中的 ＿＿＿＿＿＿＿＿＿＿ 命令，打开"正常单据记账"窗口，选择对应其他出库单，单击 ＿＿＿＿＿＿ 按钮。

4. 购销单据制单

（1）在 ＿＿＿＿＿＿ 模块菜单中，选择 ＿＿＿＿＿＿ 中的 ＿＿＿＿＿＿＿＿＿＿ 命令，打开"生成凭证"窗口，单击 ＿＿＿＿＿＿ 按钮，进入"查询条件"窗口，选择 ＿＿＿＿＿＿＿＿＿＿ 选项，单击"确定"按钮。

（2）选择"其他出库单"行，单击 ＿＿＿＿＿＿ 按钮，进入"生成凭证"窗口，单击 ＿＿＿＿＿＿ 按钮，进入"填制凭证"窗口，检查无误后，单击 ＿＿＿＿＿＿ 按钮，生成其他出库单凭证。

注意：
外购材料若发生盘亏，可以在批准处理前或批准处理后，按原材料金额计算增值税，做进项税额转出。

工作任务24.2　库存盘盈业务处理

任务描述	以操作员 LX05 的身份完成以下业务的软件操作： 2023 年 1 月 31 日，对产成品库进行盘点，发现运动服多了 50 套。

任务实施

库存盘盈业务

1. 盘点单填制与审核

（1）以操作员 _____ 身份进入用友 T3 软件"信息门户"，单击 _____ 模块，打开模块菜单，执行 _____ 命令，打开"盘点单"窗口。

（2）根据工作任务，在"盘点单"窗口中，需单击 _____ 按钮后，在表头中输入或选择 _____、_____、_____ 等相关信息。

（3）单击 _____ 按钮，再单击 _____ 按钮。根据工作任务，修改存货的 _____ 数量。

（4）单击 _____ 按钮，再单击 _____ 按钮。

2. 其他入库单审核

（1）在 _____ 模块菜单中，执行 _____ 命令，进入"其他入库单"窗口。查找相应的其他入库单，单击 _____ 按钮。

（2）在 _____ 模块中，单击 _____ 模块，打开模块菜单，执行 _____ 命令，打开"其他入库单"窗口。查找相应的其他入库单，单击 _____ 按钮，填写入库单价，单击保存按钮。

3. 正常单据记账

在 _____ 模块菜单中，选择 _____ 中的 _____ 命令，打开"正常单据记账"窗口，选择对应其他入库单，单击 _____ 按钮。

4. 购销单据制单

（1）在 _____ 模块菜单中，选择 _____ 中的 _____ 命令，打开"生成凭证"窗口，单击 _____ 按钮，进入"查询条件"窗口，选择 _____ 选项，单击"确定"按钮。

（2）选择"其他入库单"行，单击 _____ 按钮，进入"生成凭证"窗口，单击 _____ 按钮，进入"填制凭证"窗口，检查无误后，单击 _____ 按钮，生成其他入库单凭证。

工作任务 25——其他入库业务处理

工作任务	其他入库业务处理	建议学时	2 学时
任务分析	其他入库业务 → 其他入库单 —— 填制与审核 / 正常单据记账 / 购销单据制单		
技能目标	1. 能够规范、准确地进行其他入库单填制与审核。 2. 能够规范、准确地进行正常单据记账处理。 3. 能够规范、准确地进行购销单据制单。		

工作任务　其他入库业务处理

任务描述	以操作员 LX06 的身份完成以下业务的软件操作： 2023 年 1 月 29 日，企业接受兴达纺织有限公司捐赠的化纤布 1 000 米，无税单价 25 元，已验收入原材料库。

👥 **任务实施**

其他入库业务

1. 其他入库单填制与审核

（1）以操作员 _____ 身份进入用友 T3 软件"信息门户"，单击 _____ 模块，打开模块菜单，执行 _____ 命令，打开"其他入库单"窗口。

（2）根据工作任务，在"其他入库单"窗口中，需单击 _____ 按钮后，在表头中输入或选择 _____、_____、_____、_____ 等相关信息。

（3）在表体中输入或选择 _____、_____、_____、_____ 等相关信息。

（4）单击 _____ 按钮，再单击 _____ 按钮。

2. 正常单据记账

在 _____ 模块菜单中，选择 _____ 中的 _____ 命令，打开"正常单据记账"窗口，选择对应其他入库单，单击 _____ 按钮。

续表

3.购销单据制单
（1）在 _____ 模块菜单中，选择 _____ 中的 _____ 命令，打开"生成凭证"窗口，单击 _____ 按钮，进入"查询条件"窗口，选择 _____ 选项，单击"确定"按钮。 （2）选择"其他入库单"行，单击 _____ 按钮，进入"生成凭证"窗口，单击 _____ 按钮，进入"填制凭证"窗口，检查无误后，单击 _____ 按钮，生成其他入库单凭证。

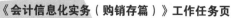

工作任务 26——其他出库业务处理

工作任务	其他出库业务处理	建议学时	4 学时
任务分析	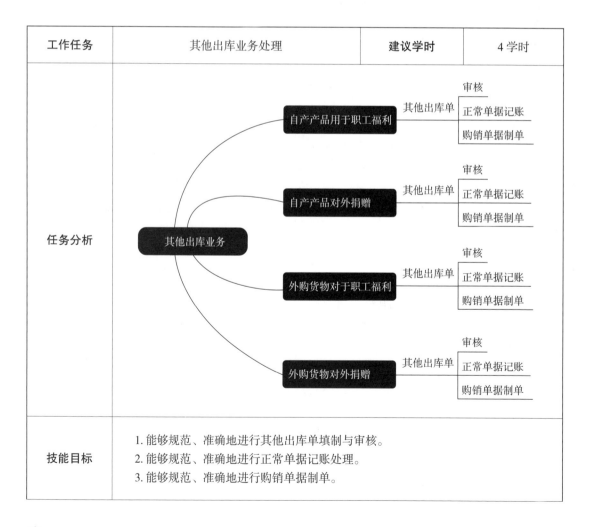		
技能目标	1.能够规范、准确地进行其他出库单填制与审核。 2.能够规范、准确地进行正常单据记账处理。 3.能够规范、准确地进行购销单据制单。		

续表

工作任务　其他出库业务处理

任务描述	以操作员 LX06 的身份完成以下业务的软件操作： 2023 年 1 月 30 日，企业将 200 件衬衣赠送给齐悦中学，货物已从成品库发出（同期衬衣售价为 100 元／件）。 2023 年 1 月 31 日，企业将 100 件衬衣发放给职工，货物已从成品库发出（同期衬衣售价 100 元／件）。 2023 年 1 月 31 日，企业将 100 米化纤布赠送给齐悦中学，货物已从原材料库发出。 2023 年 1 月 31 日，企业将 100 米棉布网衬发放给职工，货物已从原材料库发出。

 任务实施　　　　

其他出库业务—自产产品对外捐赠

1. 其他出库单填制与审核（以"自产产品对外捐赠"为例）

（1）以操作员 _____ 身份进入用友 T3 软件"信息门户"，单击 _____ 模块，打开模块菜单，执行 _____ 命令，打开"其他出库单"窗口。

（2）根据工作任务，在"其他出库单"窗口中，需单击 _____ 按钮后，在表头中输入或选择 _____、_____、_____、_____ 等相关信息。

（3）在表体中输入或选择 _____、_____、_____ 等相关信息。

（4）单击 _____ 按钮，再单击 _____ 按钮。

2. 正常单据记账

在 _____ 模块菜单中，选择 _____ 中的 _____ 命令，打开"正常单据记账"窗口，选择对应其他出库单，单击 _____ 按钮。

3. 购销单据制单

（1）在 _____ 模块菜单中，选择 _____ 中的 _____ 命令，打开"生成凭证"窗口，单击 _____ 按钮，进入"查询条件"窗口，选择 _____ 选项，单击"确定"按钮。

（2）选择"其他出库单"行，单击 _____ 按钮，进入"生成凭证"窗口，单击 _____ 按钮，进入"填制凭证"窗口，检查无误后，单击 _____ 按钮，生成其他出库单凭证。

注意：

1. 自产的产品对外捐赠，视同销售行为，需要按照售价计算增值税销项税额。

2. 自产的产品发放给企业职工，视同销售行为，确认销售收入，需要按照售价计算增值税销项税额。

3. 外购材料赠送给其他单位，需按原材料金额计算增值税销项税额。

4. 外购材料发放给企业职工，需按原材料金额计算增值税，做进项税额转出。

工作任务 27——购销存系统期末处理

工作任务	购销存模块期末处理	建议学时	2 学时
任务分析			
技能目标	1. 能够规范、准确地进行采购与应付模块结账。 2. 能够规范、准确地进行销售与应收模块结账。 3. 能够规范、准确地进行库存管理模块结账。 4. 能够规范、准确地进行核算模块结账。		

工作任务　购销存系统期末处理

任务描述	以操作员 LX01 的身份完成以下业务的软件操作： 2023 年 1 月 31 日，对采购与应付模块结账。 2023 年 1 月 31 日，对销售与应收模块结账。 2023 年 1 月 31 日，对库存管理模块结账。 2023 年 1 月 31 日，对核算模块结账。

👥 **任务实施**

购销存系统期末结账

1. 采购与应付管理模块结账

（1）以操作员 _____ 身份进入用友 T3 软件"信息门户"，单击 _____ 模块，打开模块菜单，执行 _____ 命令，在选择标记栏中单击选中"1月"。

（2）单击 _____ 按钮，提示结账成功，单击 _____ 按钮。

续表

2. 销售与应收管理模块结账 （1）以操作员 _____ 身份进入用友 T3 软件"信息门户"，单击 _____ 模块，打开模块菜单，执行 _____ 命令，在选择标记栏中单击选中"1月"。 （2）单击 _____ 按钮，提示结账成功，单击 _____ 按钮。
3. 库存管理模块结账 （1）以操作员 _____ 身份进入用友 T3 软件"信息门户"，单击 _____ 模块，打开模块菜单，执行 _____ 命令，在选择标记栏中单击选中"1月"。 （2）单击 _____ 按钮，提示结账成功，单击 _____ 按钮。
4. 核算管理模块结账
月末处理 （1）以操作员 _____ 身份进入用友 T3 软件"信息门户"，单击 _____ 模块，打开模块菜单，执行 _____ 命令，打开月末处理对话框。 （2）单击 _____ 按钮，单击 _____ 按钮，弹出提示对话框。 （3）单击 _____ 按钮，提示期末处理完毕，单击 _____ 按钮。
月末结账 （1）打开 _____ 模块菜单，执行 _____ 命令，打开"月末结账"窗口。 （2）单击 _____ 按钮，提示结账成功。

附件

任务评价

一、自我测评

明确工作任务所填的关键单据及重要操作，根据自己对工作任务的分析和软件操作的理解，完成自我测评表，进行自评，填写表1。

表1　工作任务完成自评表

序号	关键单据/操作	解读作用	自我评价
1			
2			
3			
4			
5			
总分（满分100分）			

二、实操测评

根据工作任务操作内容，教师赋予分值，操作规范即得满分，操作错误或未操作即得0分，填写表2。

表2　工作任务实操测评表

序号	软件实操	分值	评分
1			
2			
3			
4			
5			
总分		100分	

三、素养测评

根据工作任务操作内容，检测职业素养达成情况，做到即得满分，未做到即得0分，填写表3。

表3 职业素养测评表

序号	职业素养	分值	评分
1	遵循会计人员职业道德	20分	
2	树立正确的岗位意识	20分	
3	业务处理认真细致、严谨务实	20分	
4	软件操作专业规范	20分	
5	按照现行的会计准则进行业务处理	20分	
	总分	100分